# 超强学习力

日常学习难题的

48个解决方案

薛文英　简志峰·著



中国妇女出版社

**图书在版编目（CIP）数据**

超强学习力 / 薛文英，简志峰著. -- 北京 ：中国妇女出版社，2019.1

ISBN 978-7-5127-1673-5

Ⅰ.①超… Ⅱ.①薛…②简… Ⅲ.①学习能力－儿童教育－家庭教育 Ⅳ.①G78

中国版本图书馆CIP数据核字（2018）第271530号

著作权合同登记号 图字：01-2018-7701

**超强学习力**

**作　　者**：薛文英　简志峰　著
**责任编辑**：肖玲玲
**封面设计**：尚世视觉
**责任印制**：王卫东
**出版发行**：中国妇女出版社
**地　　址**：北京市东城区史家胡同甲24号　　邮政编码：100010
**电　　话**：（010）65133160（发行部）　　65133161（邮购）
**网　　址**：www.womenbooks.cn
**法律顾问**：北京市道可特律师事务所
**经　　销**：各地新华书店
**印　　刷**：北京通州皇家印刷厂
**开　　本**：150×230　1/16
**印　　张**：13.75
**字　　数**：108千字
**版　　次**：2019年1月第1版
**印　　次**：2019年1月第1次
**书　　号**：ISBN 978-7-5127-1673-5
**定　　价**：39.80元

# 推荐序

感谢文英对我的信任，邀请我为新书作序。作为两个孩子的母亲，我也很关注优秀的教育理念和方法；多年的企业管理经历，也让我对人才培养和发展有了更多体会，并越来越多地认识到家庭教育对企业人才培养的巨大影响。

本书的教育理念我非常认同，也给我带来很多启迪。育人不仅是智力的提升，更是身心灵的协调发展。未来社会需要的人才是具有健全的心智和积极的心态，关心社会并有能力帮助世界变得更美好的人。我们的家庭和社会如果都能以此作为教育的目标和方向，才会真正培养出企业和社会所期待的人才。

书中不仅有很好的理念，更提供了案例及指导，并为我们提供了更广的视角。相信家长、教育工作者以及对教育发展感兴趣的朋友们，通过阅读本书都会有所收获。

黄纯莹

2018年10月 于苏州

# 前言

升学压力一直是家长、老师和学生都无法逃避的问题。为什么孩子明明很聪明，但一遇到考试就会粗心大意呢？无论怎么教，孩子在考试中还是会粗心大意……父母遇到这些情况都会怪孩子的学习态度不佳。而事实上，每个孩子在学习中遇到困难无法突破时都会产生挫折感，他们都希望获得师长的肯定，只可惜很少有人能客观地想一想："究竟是哪些因素会影响孩子的学习效率？"

《超强学习力》这本书记录的是我从事亲子教育工作20年来遇到的真实故事，为了保护隐私，故事中人物都用了化名。我们每个人都是在犯错的过程中学习和成长，无论是好的经验还是错误的经验，都以类似的形式出现在你我的身旁。希望这些分享能引起父母或老师的教育反思：别让天才变差生，不要轻言放弃。

在尚未接触“视知觉认知能力”之前，我总认为自己是个笨学生，因为从小就需要很努力才能完成功课，但学校考试成绩一直不够理想。中学阶段记忆最深刻的就是日复一日的考试，每天都在考不好而被罚的担惊受怕中度过。“难道没有轻松愉快的读书方式吗？”我很喜欢学习新的东西，却打从心底排斥被压迫式的盲目填鸭式学习。

成为母亲后，我想起自己求学阶段的压力，暗自许下心愿：希望自己的孩子能在求学阶段充分享受学习的乐趣。基于如此简单的原因，过去20多年的时间，我和一群有爱心、有创意的老师一同研究大脑认知学习的理论，试图寻找或激发出更多创新的教学应用方式。令人欣慰的是，在接触到大量案例之后，我现在能以健康的态度接纳考试制度的存在价值，最重要的是内心深处对考试的恐惧和压力感已经消失了。在学习和分享感觉统合教育的过程中，包括我的两个儿子在内的早期就参与感统训练的孩子们，也陆续长成善良贴心、有责任感，并且有独立思考和行动能力的学习型青年。克服学习的焦虑不能光说不练，必须做到理性思辨和身体力行。

先懂孩子才会教，教孩子更要懂自己。每个孩子都能进步，每个人在不同年龄也都能持续进步。看清楚、想明白、做仔细，我们有一辈子的时间都在学习的道路上，记得要一步一步地、稳稳地、慢慢地走……

薛文英

2018年11月14日

# 目录

## 第7章 在游戏中提升视知觉学习力

第 1 章

# 把学习变成快乐的事

# 1

## 为什么要考试？不考行不行

许多聪明的孩子很爱问："为什么要考试？""可以不考试吗？"爸爸妈妈遇到这种问题不宜随口敷衍，而是必须认真地回答，因为孩子的价值观还在构建当中，父母对事物的评价态度会影响孩子的判断力。遇到对考试不太上心的低年级孩子，要耐心地提醒他们："考试是为了让小朋友有机会再想一想，老师教过的听懂了没有？有没有记住重要的知识？考试时如果可以全部答对最好。万一还有不会的部分就要重新再学一次，直到学会了才行。"

对于小学生的考试成绩这件事，爸爸妈妈首先要明白，虽然不必为了偶尔考试失利而患得患失，但是我们也必须帮助孩子将还不熟悉的内容学明白，否则后续的学习可能会受到影响，因为前面没学好会导致后面的内容无法理解。

自我意识强烈的孩子大多不能接受没道理的规定，父母也没法强迫他接受。其实考试就如同玩益智游戏一样，如果想让孩子取得好成绩，必须先让孩子明白游戏的规则。玩游戏之前，大人首先必须将游戏规则讲清楚。很多孩子在搞清楚上学的注意事项之前，实在很难理解考试的意义，有些低年级孩子会在考试时发呆，也可能分心，从而来不及答完考试题目。

小学一年级的孩子刚刚进入学校，对新环境的人、事、物总会充满好奇，部分孩子进入陌生环境会感到紧张，所以爸爸妈妈必须耐心地跟孩子说明为什么要考试，考试时要注意什么，为什么考试要打分数等。让孩子觉得上学是一件好玩而值得期待的事情，把老师交代的事情当成玩游戏前的说明，而考试就是不同形式的益智游戏。

在小学中低年级，女孩的心智发育比男孩要早，所以，通常来说，班上的女生会比较守规矩，相对更在意老师曾经规定过的事情，也能自觉在考试时尽力争取好成绩。男孩的心智发育相对较晚，如果孩子尚未弄懂老师的规定，他就容易出现丢三落四的情况，最常见的包括：无法配合老师的规定、不清楚上课或下课的时间、常忘记带东西等。无论男孩还是女孩都需要被认同和鼓励，家长引导孩子学会和自己比较就够了，因为当孩子发现通过努力就能进步时，便会产生成就感而希望自己变得更好。

爱读书和爱玩的原理其实是相通的，只要对某件事情有兴趣，不需要别人催促，也会自动自发地去做。如果孩子害怕考试，大人要反思一下，是不是自己在不经意间让孩子对考试产生了反感呢？

### 小贴士

设定明确的目标

- 如果孩子学习反应不够快，请多鼓励他，给他一些成就感，这样才能促使他反复练习，直到完全掌握所学的内容。
- 如果孩子记忆力好、学什么都快，但是考试成绩不稳定，就必须设定明确的目标，目标要略高出能力一点儿，让孩子拥有成就感并且愿意争取更好的表现。如果家长放任不管，孩子很可能就变得什么事都不在乎，最终导致散漫失控。

# 2

## 孩子是怎么学习的

为了孩子未来能上名校，大部分家长都重视教育，并想方设法通过各种教育途径来提高学习能力。比如送孩子出国游学，但出国十天半个月所得到的感官刺激，回到长期生活的环境中还能保留多少呢？我也经常见到一些父母想通过旅行或游学经验让孩子增长见识，但在旅行中又会因为孩子不听话而生气。“这孩子真不守规矩，叫他别乱动就是不听，骂了也没用，以后不想带他出去玩了！”

家长在培养孩子学习能力、增长孩子见识的同时，有没有想过孩子究竟是怎么学习的呢？根据研究，影响孩子学习成绩的因素有很多，除了个人先天的学习能力之外，还有很多后天的因素，比如学校和家庭生活环境。追根究底，来自成长环境和生活习惯的影响比先天因素的影响要更为深远。

学习是通过模仿而来的，健康的孩子从婴儿期开始就有模仿能力。孩子的视觉和听觉对外在事物的刺激是敏感的，因此婴幼儿所见所闻的事物都是学习的对象。想让孩子学会守规矩大约从1岁开始就可以教了，这样在2～3岁时就能建立良好的生活习惯。而我们发现在上学后经常丢三落四的孩子，从小在生活上也总是需要大人动手帮忙，想要他们自动自发地完成作业或记住老师交代的任务等就更难了。

## 运动就是最基本的学习力

近几年来，我在接触到的一些上海中产家庭当中发现，幼儿在智力方面的成长速度普遍超龄，但是在与动作发展相关的能力方面反而落后很多。不少看起来表达能力很强的聪明孩子，却被爸爸妈妈抱怨总是动作慢半拍，在跳舞、弹琴或做其他活动时经常喊累。但是爸爸妈妈又不希望孩子半途而废，所以原本让孩子多学点儿东西的好意，反而成了家中发生冲突的导火索。

学习任何一门功课或才艺需要有不同的基础能力。眼疾手快的人做起事来往往能掌握先机，手眼协调的孩子同样也有较强的学习优势，这种学什么都能举一反三的孩子除了有聪明的大脑，也具备灵巧的运动能力。

在关心儿童身心均衡发展方面，中国台湾的中小学虽然比较重视体能发展，但是在婴幼儿阶段，新手父母或照顾者同样都有保护过度、协助过多而干扰幼儿主动练习、培养运动能力的问题。所以，父母呵护孩子的天性是没有区别的，培养孩子良好自理能力的前提是家长要学会安心放手，让孩子自己走路、自己动手。

小学生家长最不能忍受的是孩子家庭作业做不完，便干脆把孩子送到课后辅导班或请家教一对一指导。身为两个孩子的妈妈，我也能理解家长的压力，但我更想提醒家长的是，要关心孩子的作业是不是独立完成的。千万不能教出一个负责写答案的机器手臂，作业内容都是大人说一句，然后孩子跟着写一句。

## 小贴士

培养独立思考的习惯

- 教导孩子学习时要自己动脑想一想。如果现在孩子常说“爸爸妈妈或老师没教就不会”，家长对此也听之任之，那孩子长大后可能会变成一个老板没交代具体工作就混日子的员工，随时都可能被淘汰。
- 当玩游戏或做作业遇到困难时，大人可以给一点儿提示或用动作示范，最终的答案先保留，让孩子尝试自己解决问题。

# 3

## 学习有那么累吗

“为什么孩子学习不认真，我已经警告过他很多次，数学的基础很重要，可是他每次一写作业就喊累，他怎么对学习一点儿都不上心呢？”

被妈妈批评懒散而且成绩不稳定的伟伟已经上五年级了。据妈妈说，伟伟的祖父母、父母都是高中或初中老师，苏州的书香世家对子女教育向来很重视，祖父母、父母从小就教导孩子读书识字。

伟伟妈妈感慨地问我：“这孩子现在怎么会变成这样呢？他还有救吗？”

在初见伟伟时，我确实发现他拿笔写名字时字迹相当工整，而且随手就能画出好多复杂的动漫机器人，显示出高人一等的观察力和视觉记忆力。

伟伟爸爸说："老师，我一下班回家就觉得心情烦躁，每天都听孩子的妈妈一直抱怨儿子写作业慢，不催促着就拖拖拉拉，学习被动，很不认真。这孩子连吃饭都很慢，长这么大也不懂得感恩，昨晚我特地夹个鸡腿给他，他还不要，真不知道怎么对他好了。"爸爸原本不太想说话，不知怎么突然也抱怨起来了。

"是吗？我看他长得很壮，不像个食欲差的孩子，请问如果将鸡腿换成炸鸡他会吃吗？"我问。

"当然，每次去爷爷奶奶家，他一个人能吃8块炸鸡呢！上小学之前他是在奶奶家长大的，他爱吃什么奶奶就会买来让他吃个够。"

听完伟伟爸妈的话，伟伟成绩不好的问题也就有答案了。

对于这个身材高大但整体运动能力不佳的男孩，我跟他妈妈说："如果想让孩子的学习成绩变好，一定要配合坚持两件事：第一，每天运动20分钟；第二，改掉不健康的饮食习惯，禁止吃零食，多吃新鲜蔬果。如果孩子喜欢炸鸡先不必完全禁止，但每星期不要超过两块。请记住：相同的食材用其他的烹饪方法都会比油炸更健康。我可以保证，如果这两件事能做到，他的学习一定会进步，但你们能帮助儿子做到吗？”

妈妈觉得很难改变，而且此事与学习无关：“老师，你弄错了吧？我们只要他认真把作业写完就好，作业都写不完了，哪里还会有时间运动呢？”

男孩的体重超过标准，画图精细显示手很巧，但肢体动作不协调、坐姿不良，整个人看起来松松垮垮的，无法长时间坐住，更别说要打起精神来写作业和复习功课了。

感统失调的孩子常在写作业时喊累，其实是真累而并非想偷懒。不当的饮食会影响孩子的专注力，读书用脑需要消耗很多的能量，而适当的运动可以增加血氧量。如果看到孩子长时间坐在书桌前想睡觉的时候，很可能是因为他的大脑已经缺氧了。

学习要懂方法，做事要讲效率。没效率的学习还不如早点儿上床睡觉，千万别让孩子学没学到、玩没玩好、睡没睡够，最后连最基本的身心健康也损害了。

# 4

## 为什么考前复习，考后就忘

如果一考完就忘掉所学的知识，这就必须改善学习习惯，临时抱佛脚的学习很难得到长期的效果。平时大家会抱怨孩子“做事不上心”，要孩子把知识牢记在心里。严格来讲，记忆根本不是储存在心里，而是储存在脑子里。

更准确地说，记忆还可以分为短期记忆、长期记忆、深层记忆等。“考前复习，考后就忘”是因为前一天看书的印象只是暂时放在大脑的短期记忆区，一般在7天内就会遗忘。

如果平时没有复习，也没有将学过的知识重新提取整理，只凭着小聪明总在考前才死记硬背，就算能暂时记住内容考及格，过不了多久对考完的内容也会忘光。可是到了升学考试或专业资格考试时，一般考题范围都很大，不可能在前一天晚上把每本书都看完。所以必须将平时所学习的知识保留在长期记忆区，最后才有胜出的机会。

## 动手操作有助于理解，理解才能记得久

通过动手操作来学习很有趣，相对死记硬背的苦读也更有效。我们得学会在操作的过程中仔细观察和比较，善用视觉、听觉和身体感官的感觉来记住相关的特征，如此一来就能加深印象，常被广告宣传成神奇的图像记忆法就是类似原理。但是，知道了记忆方法也不能保证成绩就会好，因为记忆的速度是需要练习的。

脑子越用越灵，大脑学习新的知识时，需要和先前的信息做比较，所以不能只是念经一样的背诵记忆，多些联想、分类、归纳的思考练习，可以锻炼大脑，让孩子变得更聪明。如果我们让孩子习惯听大人指挥做事情，写作业时大人说一句，孩子才写一句，就会影响孩子的学习，并养成不良习惯，家长必须避免犯类似的错误。

## 不要为考试而读书

深层记忆和情绪有紧密的联系，引发我们产生喜怒哀乐等强烈情绪的事件会让人记忆深刻而久远，科学家也发现了这与大脑神经系统的结构有关。我们经常告诉家人不宜在教导孩子的时候发脾气，就是因为在高压或恐惧的状态之下，大脑难以进行理性的思考和判断，即使大人教得很辛苦，但是孩子能吸收和记住的部分很少，因为负面情绪已经阻碍了学习。

# 5

## 为什么一到考试就会肚子痛

“女儿平时学习很用功，但是一遇到考试就会生病，所以总考不好。真巧了，考试当天早上送她去学校，一路上就听她说肚子痛，让人搞不清楚是真的不舒服，还是怕考不好被骂呢？”

身体健康状况和精神状况都会影响考试的表现，容易紧张的人在考试时也比较容易失常。我们很难用一个简单的答案告诉家长为何孩子肚子痛，不过家长可以观察和评估这是偶发性的，还是经常在特定的情况下出现。

大人不宜批评考试前容易身体不适的孩子，也不能责怪孩子得失心重或耐挫力不佳。因为有些孩子遇到陌生人或陌生环境就控制不住，连呼吸、心跳节奏都混乱了，这是因为感觉神经系统比较敏感而产生的生理反应，经验不足的人很难调整过来。有可能孩子想到一会儿要在不熟悉的地方考试，身旁的人都不认识，大脑调节压力的控制能力来不及起到平衡作用，于是身体就出现反应了。

有些孩子对发生任何事情都没什么感觉，能自己调节情绪，这种状态参加考试或在重要场合发言时通常能很好地展现平日的实力。如果孩子是一个容易紧张的人，在考试前最好不要和他强调考试考不好会怎样，也不要提处罚或特别的奖励，这些都会使他更加无法放松下来。改善的方式有以下几种：提前知道考场、考试规则，考前一天将东西准备好就休息。

## 以平常心看待考试

考试是每个人都无法逃避的事情，如果父母本身在求学时成绩不佳，也不要把个人的经验强加在孩子身上。孩子有自我意识，而且现在的儿童学习方式和30年前相比，变化太大了，所以不必在考试前给孩子讲述自己的经验，不要给即将考试的孩子太多压力。不同的孩子让自己冷静下来的方法不同，有人喜欢和父母在一起，有人喜欢一个人静一静，所以父母陪考也不一定是最好的。我们要视孩子个人的需求来爱孩子，强迫会使他们更有压力。

许多孩子感觉不舒服时常会喊肚子痛，听到孩子说肚子痛或身体不适时，大人最好先保持冷静，这样才能客观理性地作出判断，不要用紧张的语气追问孩子为什么，孩子通常很难清楚说出自己究竟是哪里不对劲儿。

在我儿子读小学的阶段，我也曾遇到过这种状况。孩子一早起床就说："妈妈，我肚子痛，我今天不能上学了！"虽然看起来并不严重，但他捂着肚子的样子很可怜。奶奶坚持认为孩子不会装病，必须请假在家休息，不要去上学了。作为妈妈的我不好意思丢下他去工作，于是也只好请假在家陪他。谁知一整天下来，发现他一直找我聊天，精神和体力都很好，在家生龙活虎的，能吃又能睡。

## 留意是否有特定相关的心理因素

一整天的互动下来，让我忍不住想："儿子真的生病了吗？还是想要妈妈陪着在家休息一天呢？"我没有问孩子，因为他还小，说不清楚，关键是我也累了，自己刚好想休息一天不上班。

有过两次类似的经历后，我开始关心学生的身心健康与学习情绪的关联。即使是活泼开朗的孩子和热爱工作的大人，大概有时难免也会突然想放空吧！所以，父母最好注意一下，当我们遇到孩子喊身体不舒服时，冷静想想，背后有没有隐含什么需要注意的状况。

如果你的孩子也是一到考试就说不舒服，请冷静评估原因，然后有效预防和调整。

## 小贴士

预防和改善方法

- 症状：考前临时抱佛脚，考试时体力不支。对策：每天踏实学习、充足睡眠、健康饮食。
- 症状：对陌生环境容易紧张。对策：提前半小时到达考场，让身心调整到从容的状态。
- 症状：为了补足精神，早餐吃够量。对策：考试期间保持平常心，通过适当运动来提升专注力。
- 症状：担心考不好而吃不下。对策：定时定量地进食，保持思路通畅、体力充沛。
- 症状：情绪受刺激（吵架、争执、突发事件）。对策：调整亲子互动沟通的方法，家人和考生都要减少情绪性言语，说话时多支持、少抱怨。

# 6

## 为什么要上补习班

“我想要”是一种发自内心的渴望。主动学习的动机是指在没人催促或强迫下，人们会在看到喜欢的东西时产生模仿学习的念头。要想孩子学习成绩好，就必须激发孩子内在的成就动机，所以让孩子对学习的内容产生兴趣太重要了。

在儿子读高一时，我经常接到各种补习班打来的电话。每次我都忍不住问儿子：“儿子，你需要补习吗？补习班的人在电话里说可以上免费试听课！”

儿子说：“谢谢！不用了，我可以自己搞定！妈你要小心一点儿，那种电话有些是骗人的。”儿子的成绩虽然不是班上的前三名，但是一直保持在比较靠前的水平，所以我决定相信他。

“补习班教的和学校老师教的一样，没必要学两次。”或许看到我的表情有些疑惑，儿子补了一句。原来儿子自己和同学相约去听过一堂补习班的试听课，拒绝参加的理由令人特别安心，从此我相信有些成绩好的学生真是不必补习的，这些能够专心上课的学生，只要认真接受老师教的知识，回家复习找答案，产生兴趣后就能举一反三。

补习是把不会的内容补足，重复练习加深印象而已。如果孩子已经懂了，当然就不必去补习了。孩子需要的是更多的练习时间，这样能更广泛地吸收知识，重复练习，直到能够心领神会，进而可以达到融会贯通的境界。

## 上补习班的3类孩子

“孩子为什么要上补习班？”我带着这个问题去问有着20年教学经验的资深老师——台北一个知名数学补习机构的刘老师，他告诉我，其实学生来上课的原因主导了效果——最终成绩进步的快慢。通常来补习班补习的学生大致有3种类型：

第一类，我妈叫我来的。这类学生上课眼神迷离，除非补习老师特别有魅力（或非常严厉）。

第二类，同学都去补习，跟别人一起来的。这类学生因为回家会被父母唠叨，所以不如来教室清静。

第三类，自己发现在学校学得不够，想学明白。这类学生上课特别专心，会主动发问或自学。

补习机构不是正规的学校，考勤制度其实也没有那么严格。刘老师说："风雨无阻按时来上课的学生，大部分是第三种类型的。第三种类型的孩子是老师们觉得付出同样的时间和精力，最终可以得到最大收获与成就感的学生。遇到一个真心想学的学生时，你会想把自己知道的全部知识都教给他。站在讲台上看到那种专注的眼神，很让人感动啊！"

我当然理解，因为我就曾经是个好奇心强烈的孩子，我常常想知道"为什么"，所以总是爱发问。很庆幸自己能生在一个容许小孩天马行空乱问问题的家庭中，母亲会告诉我："这问题很好，妈妈也不会，你要自己去找答案。"所以，我可以算是刘老师口中的第三类学生，我想学就要设法去学明白。所以我喜欢学习，就算年纪大了也照样闲不下来。

## 别逼孩子上兴趣班

在苏州和上海工作时，我发现每到周六和周日，家长们比平日更忙碌。因为好多人要送孩子去上课，从幼儿园到小学阶段，父母急着让孩子学习各种才艺，学弹琴、学绘画、学打鼓，争取拿到各种考级证书，害怕孩子跟不上其他人。也有少数妈妈怕别人说自己不负责任，所以即使自己省吃俭用，也要给孩子报名参加各种培训班。

可是在上了很多节课以后，孩子的能力变强了吗？孩子和父母变快乐了吗？真的不一定。因为很多孩子升学以后，因为课业压力变大，作业变多，就把全部的兴趣班都放弃了。还有个妈妈告诉我看见钢琴就生气，朋友笑她说把钢琴变柴烧了更有用，免得放在家里每次看到它就忍不住上火。如果为了学习而把亲子关系毁掉了，实在得不偿失，幸好最后这位妈妈想通了，不再强迫孩子，也不再折磨自己了。

是因为孩子喜欢才报兴趣班学某种才艺的吗？如果学了，可以持续多久？这是在安排孩子学习某种才艺之前必须思考的问题。其实父母在让孩子学习某种才艺前，可以自己先去学习欣赏，如果真的很喜欢更可以自己先去学。在终身学习的时代，当孩子看到父母勤学的样子时，他就会模仿大人学习的态度，在潜移默化的影响下，孩子自然会真正地用心学习。

# 7

## 为什么有些孩子会讨厌数学

“视觉空间关系”“视觉形状永恒”“视觉推理能力”与理科的学习能力紧密有关。通过十多年的观察，我深刻感受到孩子对数学的兴趣是“玩”出来的。生活中其实有很多好玩的数学游戏，孩子们不应该听到数学就摇头叹息啊！

数理逻辑的概念可以一点一滴地渗透在儿童的成长过程中，孩子从生活中看到和听到的事物中逐渐学习数学逻辑。孩子在1岁之后，只要父母常和孩子说话，教他指认各种物品，正常的孩子都能学会分辨大小、形状，学会感受物体。孩子们必须通过身体运动和游戏来理解快、慢、距离、方位等抽象的概念。所以如果大人只希望孩子坐在椅子上去记住书上抽象的文字符号，很可能孩子的大脑是一片空白，完全不知所云，即使一对一重复地讲很多遍也是无效的学习。

“我就担心孩子太累，所以常告诉他只要认真读书就好，不要担心其他的事情。”如果家长这样想，很可能就有不喜欢数学的孩子。当孩子的头脑中只有考试和家庭作业，凡是考试不会考的内容都与我无关，孩子就变成失去主动探索能力和生活自理能力的考试机器人了。教养中有一个误区是：以为爱就是全心全意的照顾，而全然忘了应该将孩子培养成一个有能力、有担当、能为社会付出的人。

许多浑浑噩噩过日子的学生无法完整说出今天自己吃了哪些食物、从没想过自己一天花了多少钱，从家里到学校最近的路是哪一条，不曾自己思考必须几点起床才不会迟到。这些和学校考试看似无关的生活小事其实都是数学的应用问题，但绝大多数的父母却从小就让孩子养成了被动拖拉的生活习惯。过早让孩子去计算无趣的数字，让孩子看到题目连想都不想地随便应付交差，这也是数学不好的孩子的常见毛病。

广义的数学能力就是解决问题的能力。然而当今绝大多数家长没有教孩子思考生活中的应用知识。现代社会中，人人都很忙，事实上大家每天在重复没有效率、不经思考的动作，因此孩子的学习困难无法得到根本的改善，成绩当然就无法进步了。

有时家长会问我如何教出两个数理成绩优异的孩子。回顾20年的育儿过程，我们其实没有刻意培养孩子的兴趣或专长，只是特别注意从小引导孩子发现事情的规律，拥有理性和感性均衡的逻辑思维。大儿子在7岁时曾经提出要求想养宠物，我问他："为什么想养宠物呢？"孩子说："小狗很可爱，还能陪我玩。"于是我用认真的表情对儿子说："恭喜你，现在我们家多了一个弟弟，你可以暂时把他当小宠物来照顾，婴儿肯定比小狗更好玩，长大还会说话哟！"

在教养子女的过程中，父母时常会感情用事而失去理智。数学逻辑的能力还包括平时生活中做事情的判断力和选择能力。因此，让孩子从小养成规律，学习分辨是非善恶，学会比较和分析，这些都是父母和孩子谈话时日积月累的数理逻辑思维基础。

大儿子上小学之后我告诉他："家庭中的每一个人都有自己的任务，爸爸妈妈的责任是认真工作、照顾家人，孩子在18岁成人之前都必须遵守父母的规定。弟弟以后也要遵守你的规定，大孩子就是小孩子的老师。中国人说长兄为父，所以爸爸妈妈不在时，弟弟必须要听哥哥的话。"孩子的责任是长大成人之前，必须设法将老师教的知识学会，父母无法帮你上学，也不能帮你考试。在教室听不懂就举手发问，下课找老师或同学问，再不懂就回家上网查数据、请教家人。就算孩子在小学时成绩不是特别出色，但孩子已经养成独立学习、自律主动的做事习惯，学习成绩自然随着年纪长大而越来越稳定。

在分享教孩子的经验时，总会有妈妈说："我无法像你一样做到'狠心'放手啊！孩子做错了怎么办？"成长的过程有谁能不犯错呢？安心放手的教养方式对孩子不好吗？做错了就再来一次，有什么关系？或许被焦虑型的妈妈问多了，我自己也忍不住怀疑自己是铁石心肠。于是我问儿子："你能不能跟妈妈说真话，你觉得妈妈对你们狠心吗？我从来不会直接给你们答案抄，更不会帮你们写作业。"

哥哥笑着说："你拜托那些家长别打扰孩子好吗？写作业是学生自己的事。现在学校教的知识，爸妈也不见得都懂吧？"

"爸妈插手过多只会越管越乱。妈咪啊！你就不知道我们班上同学有多惨了……"爱说笑的弟弟抓到机会，夸张地形容同学的家长热心过度的样子。青少年总喜欢装大人，大多不喜欢爸妈唠叨。

孩子必须学会自己想办法解决问题，长大才会有好的逻辑思维。看到两个孩子都成了学习效率极高的学生，我也感到无比欣慰。幸亏我们坚持用轻松的方式来教养孩子——各自扮演好自己的角色。

## 两类不喜欢数学的孩子

有一天，我和两个儿子讨论自己的发现：“不喜欢数学的孩子大致分为两类：一类孩子说看不懂、听不懂，另一类说数学老师特别凶。”能力和意愿对学习动机产生最关键的影响，孩子很难理解现在辛苦读书和20年后的人生有何关系。但上课时当下的感受却直接影响着孩子能否专心听讲，所以不管大人还是孩子在上课时都要保持好心情。

“老师通常不会对成绩好的学生很凶。”哥哥说。

我问：“是不是你们学校的老师经常会被学生惹得发脾气呢？”

弟弟说：“少数同学的上课态度确实不好，有些人在上课时基本没在听课，还有两三个人直接趴在桌上睡觉。有意思的是，我看他们每天放学后都去补习或请家教，无效的事情重复做，然后累得上课时无法专心听。”

哥哥说：“听不懂的人在上课时心情一定不好，想要保持愉快就只好发呆了！”

“一发呆就更听不懂、学不会了，所以他们只好继续补习……”

听到两个孩子冷静分析同学们在上课时的身心状态，我有很深的感慨，家长和老师们真该听听孩子的心声：不是坐得越久成绩就越好啊！学习更有效率一点儿不好吗？

对于一个自控能力还不成熟的学生而言，想在上课时高度集中精神是需要消耗能量的，睡眠、饮食、运动三项缺一不可。如果体力、耐力和基础认知能力都没有达到正常的水平，只要学习内容的复杂程度稍微提高，学生很快就会出现放弃的心态。

看不懂或听不懂与孩子的理解能力有关系，数学逻辑能力并非只要求计算速度要快，还必须具备良好的语文理解能力、逻辑推理能力、空间几何能力和抽象思考能力。孩子只要关心自己周围环境中的人、事、物，学习的机会就无处不在；可惜现在经常和子女聊天的家长并不多，很多家长下班回家只问孩子作业写好了没，除此之外就没有其他的交谈，等孩子年纪越大越和父母无话可说。

家长应该积极地培养孩子正向思维的习惯，别让错误的爱变成讨厌学习的理由。

第 2 章

# 小心天才变“差生”

# 1

## 如何发现孩子的天生潜力

很多家长听到有什么新鲜的课程就喜欢抢着送孩子去学，唯恐孩子跟不上同龄人。更令人费解的是，这些五花八门的课程招生的对象年龄不限，最小的不到3岁……

很多父母说："我们家从来就不会给孩子压力，孩子长大后喜欢做什么都可以。"而事实上，这并不是他们的真心话，因为家长内心或许都希望孩子能有特殊的表现，希望孩子在同伴中出类拔萃。爸爸妈妈嘴上说"没关系"，可是当孩子学习成绩不好时还是免不了着急，到处打听用什么方法能让孩子挤进名校。

每到双休日，在商场里经常能看到那些说话还说不清楚、走路都走不稳的孩子，却被家长打扮成了小大人的模样。难道大人不会担心安全问题吗？因为活泼好动的孩子戴着过多的饰品或穿着闪亮的皮鞋很不安全，跑来跑去容易刮伤，而且这些服饰对骨骼的生长发育有潜在风险。

通过一番观察，我发现流行的风潮似乎压过了大部分父母的理性。经济条件好的爸爸妈妈说："钱不是问题，孩子喜欢就好！这是他自己选的。"但是，亲子教育不是买礼物，如果放任孩子自己选就是个大问题。无论学什么、吃什么、用什么，凡事都让孩子自己决定是不对的。

家长都愿意给孩子最好的，但什么才是对孩子真正有帮助的教育呢？按照每个孩子在不同年龄身心发展的成熟度来安排，这才是最恰当的吧！

儿童的行为表现和价值观深受成长环境和社会文化的影响。当我们看到孩子对一些事情有好奇心或想模仿时，父母和家人是采取引导支持的态度还是采取压抑禁止的态度，这两种截然不同的态度往往会影响孩子是否有持续练习的机会或者有继续探索的动机。想培养多才多艺的孩子需要具备很多基本的能力，如语言认知能力、动作协调能力和情绪调节能力，只要孩子有健康的身体和学习心态，无论将来想学什么都能得心应手。

健康的孩子好奇心强，有强烈的学习动机，想要做事情的内在欲望也是挡不住的。不管有没有经过名师指导，当孩子发育到能控制身体动作时就会不由自主地动起来，所以孩子需要的是多看、多听，丰富孩子的生活经验，让孩子去发现自己对什么事情很感兴趣，接着就是持续不断地练习，直到熟练掌握。

您家宝宝会有这些行为吗?

◆跑、跳、翻滚的动作比同龄孩子更灵巧。

◆只要听到音乐就能跟着节拍舞动，不需大人指导。

◆看到电视中出现有关跳舞的画面或大人跳舞会模仿做出类似的动作。

◆有机会拿起笔就涂鸦画图自得其乐。

◆在玩过家家的游戏中会主动模仿大人说话的样子。

◆喜欢搭积木或拼拼图，而且持续时间比较久。

◆对认字特别感兴趣，很小就会看图说故事。

◆观察能力特别强，有搜集同类物品的偏好。

很早出现特别喜好的孩子或许有些天分，但是家长不必太着急。因为想培养孩子精通任何一项才艺都要经过单调乏味的重复练习。如果孩子因为被迫学习而有压力，那么就无法得到学习的乐趣，反而会心生反感。所以让孩子自发性地学习比强迫更好，父母也要关心孩子的基本体能和能力是否可以达到练习需要的强度，这样才能得到持续而稳定的学习效果。

家长若了解大脑学习的原理，就能明白很多看似简单的生活游戏就是学习，爸爸妈妈不需要为能否给孩子最好的教育而担心，因为能否教出优秀的孩子和父母的学历并没有直接的关系，学习更没有场地和时间的限制。父母保持开放而乐观开朗的心情，便能教养出人见人爱的优秀孩子。

# 2

## 故意考零分的优等生

每个孩子都有值得被挖掘的潜力，教育孩子不能以一时的表现来论优劣。在儿童和青少年时期，孩子会越来越重视同龄人对自己的评价，希望自己受人欢迎，如果孩子什么事都表现出不在意的样子，那么肯定有什么地方需要我们注意了。

孩子不想或者不能好好学习时，考试成绩不好只是问题的表象，背后一定有其他的原因。

有位四年级的男孩讨厌上学，他的妈妈为此烦恼失眠，压力很大，都发展到害怕接学校老师的电话或留言的程度了。据说这个孩子在家不论家长是打骂还是耐心讲道理，他总是一副无所谓的样子。当男孩的家长找到我时，我想先和孩子接触一次，找到他不想上学的原因，究竟是孩子的理解力不佳导致上课听不懂而厌学呢，还是因为同学相处或其他原因造成了他这种逃避和反抗行为。

初次见到男孩时，我发现，他彬彬有礼，在进行视知觉学习能力测验时，他的态度从容，回答问题很准确，呈现出这个年龄少有的自信、沉稳和淡定。男孩的视知觉整体发展都快达到12岁孩子的平均水平了，按说，这是个视觉智商很高的优等生，能力超标，但学习的意愿很低。他的厌学和情绪有很大的关系，而并非他学不会。

“亲爱的，你在班上常考前三名吗？四年级的功课对你来说很简单吧？你最喜欢上什么课？”我问。

“不对，我是全班最后一名，大概小学一年级的时候才是第一名。我不是好学生！”

“别闹啦，我知道你就算只是上课听听，课后不做练习，考试也不会太差，能告诉我为什么你要考最后一名吗？我觉得你是故意的。”男孩露出笑容，好不容易才打开心防，告诉我故意考最后一名的秘密。

男孩说自从三年级开始，每次数学和英语就故意考全班最后一名，因为数学老师和英文老师一开始就冤枉他，叫同学不能跟他一样。“数学老师说我上课时做自己的事，不像别人一样认真听，就算考试满分也肯定是作弊抄来的，所以莫名其妙让我罚站！但我没有作弊！既然考一百分了还要罚站，为什么不考烂一点儿呢？反正就算考好他们也不信。”男孩一脸无所谓的表情，顽皮的笑容也只是故作镇定，这种淡淡的语气，让我感到心痛。

听完这个孩子说的学校的事，我终于明白他讨厌上学的原因了。学习能力很强的孩子特别有主见，他们有超强的记忆力，能过目不忘，但也因此不喜欢枯燥乏味的学习方式。父母和老师其实一点儿都不必担心他们会有学习上的理解能力问题，而是要引导他们学会更多的同理心和包容性。

“我真的相信你没有作弊。数学课时就算自己看课本，然后专心听就能懂了，我猜你根本不必抬头看老师和黑板；因为你有很好的记忆力和理解力。每科都考90分以上才是你正常的水平。请不要再故意考得很差了，妈妈看到你从第一名变成最后一名会很伤心的。”

“考试只是让我们有机会反思懂了多少，我想你应该已经都听懂老师上课教的知识了，只是因为心底不满，觉得自己受到不公平对待而故意考低分。啊，你想让数学老师也不开心对吧？”

男孩脸上带着微笑，没有回答我的问题，只是表情温和地倾听。

“本来你只想让两个人不开心，可是现在最爱你的妈妈因此而伤心、有压力，你继续这么做就不好了。而且我觉得最重要的是我们要想一想：令别人不愉快对自己有没有好处？聪明的人不会做对别人和自己都不好的事情。

“你有能力证明自己能够考进前三名，快要升五年级了，高年级的成绩很重要，或许以后这些老师也没机会再教你了，学会原谅别人对自己的成长来说很有意义。你愿意原谅曾经误会你的人吗？如果你一直故意考零分，就没有人知道你有多棒了。我真的觉得这样太可惜。

“小学时的学习成绩会影响将来进中学、大学的机会，我们没必要为了让别人不好受而耽误自己的大好前途，你说对吗？”

这个聪明的孩子听完我说的话点头表示理解了。男孩和我握手道别时答应以后要少让妈妈伤心，而是要用自己的优点做一个有智慧的人，不再故意拿考试开玩笑，因为这是一件损人又不利己的事情。

如果我们不想把可爱的天才变成“差生”，就一定要相信孩子的本性是善良的。每个人都有自尊心，在孩子情绪低落时，请先接纳孩子，不要轻易评断孩子的学习态度。

# 3

## 不要教出冷血自私的天才

英语补习班的班主任发现，在六年级学生中有个叫小杰的男生平常总是独来独往，下课也很少和同学交谈，偶尔说话，都是在同学身边说两句风凉话，这常常引起同学的反感。小杰的考试成绩基本能维持在中上水平，只是老师觉得他缺少孩子那种独有的活泼开朗。

有一天，这个孩子的家长将他送到我这里来，我找小杰谈话："为什么你不和同学一起玩呢？听说你下课时常常一个人坐在教室里发呆。"

"不行吗？我无聊，没什么好玩的。他们很幼稚！"男孩用空洞的眼神回答。

“你觉得做什么比较好玩呢？”我很好奇。

“老师，我会不会有毛病？为什么我的头脑想的常和别人不一样。”

“这可有趣了，你举个例子讲讲有什么不同。”

“我们在操场看到一只鸟飞过去，我听到同学们都在讨论那是什么鸟。可是我没有回答，因为我在想用什么方法把它打下来才好。”小杰说自己并不是坏人要射杀动物，只是想知道用什么东西可以将目标物精准地打下来。原来这男孩对武器特别感兴趣，他喜欢看各种与军事相关的新闻和画册，谈起我所听不懂的武器时，神采飞扬，充满自信。

“哇，你一定花了很多时间看书，不然怎么会知道这么多知识。像你这个年纪的学生我估计没多少人能懂这么多。”原来男孩把大部分的时间都用在课外阅读上了。我接着问：“你很有研究精神啊！记得这么多，可是你从没有想过花一些时间和同学们一起玩吗？”

“我妈叫我别浪费时间。”小杰明确地回答，显出超出年龄的理智和坚定的表情。

“交朋友不是浪费时间，好朋友可以一起学习、一起开心玩耍，遇到困难的时候，朋友会给我们加油打气。我喜欢交朋友，我也喜欢跟你聊天。”

小杰说：“老师，你不是我的朋友。我妈说当学生就要专心读书，不要浪费时间和感情交朋友，以后每个同学都是我的对手，因为高考的时候要跟每一个人竞争。”

和孩子谈话到此，我放心了：小杰这个孩子智商很高，体能、学习能力都很正常。唯一的问题就是过于功利的价值观所造成的行为混乱。

小杰成绩一般，他不太喜欢上学的原因是“没朋友”。小杰的母亲可能不会相信，宝贝儿子提不起学习兴趣的主要原因是自己过度望子成龙，给他误植了偏执的价值观。我们必须找到问题的根源，鼓励孩子打开心门，学习的成绩才可能进步。

有些孩子天生是聪明的，由于家庭条件的限制而无法接受完整的教育。在很多地方，教育资源都存在分配不均的问题，父母望子成龙的心态很正常，可是在教育孩子获得知识的同时，绝对不可以忽略品格的教育。

学习的场所不仅仅局限在教室中，我们也可以利用日常生活中的机会教育孩子。子曰：“三人行必有我师。”我深信让孩子先学会交朋友，肯定比费心去计算每一次考试的分数更有价值。

教育天资聪颖的孩子必须特别重视品德教育，家长反而不太需要担心孩子一两次考试分数不够理想。因为天赋好的学生具备优秀的视觉和听觉认知能力，当这些孩子认定一个目标，愿意花时间去研究，通常就容易有过人的成绩表现。

父母必须关心孩子的生活和行为，将聪明的想法放在正确的方向上。万一聪明孩子的目标偏离了正道，将来可能造成的负面影响，恐怕要比一位学习反应不好的孩子更多。

告诉孩子，我们一定要有好朋友、好品德，这些绝对比会考试更重要，希望孩子能永远记住“胜不骄，败不馁”的道理，避免犯下的错误造成无法收拾的残局。

# 4

## “提强补弱”要方法，别让天才变差生

当今孩子获取知识的方法有很多，除了学校教育之外，还有更多在线教学或自学方式。可是孩子的升学压力并没有减轻，家长非常焦虑，升学、补课的相关信息越多，思考就越混乱，部分家庭还因为孩子的学习观念不同而影响亲子关系。其实我们千万不能因为短期的学习目标而伤害亲子关系，这是一个瞬息万变的时代，一辈子都需要有学习精神。

每当看到很会玩的孩子或者某个孩子经常做些与读书无关的课外活动时，我不会急着去打断他的活动，而是静静地观察他在做什么。

“哇！你怎么学会的呢？”“做得真好，你愿意教我吗？”很多时候，我会惊讶地发现孩子的潜力远远超出大人的想象。

当孩子发现自己的努力有人看见时，总会露出喜悦的表情。开朗的孩子会滔滔不绝地分享自己的心得，不好意思说话的孩子也会浅浅地微笑。每个人如果知道有人欣赏自己，自然会产生再试一次的动机，这就是培养孩子具备主动学习能力最重要的一件事。

想教出一位自动自发学习的孩子并不难，关键在于引导而不是阻止。我们要真正接纳孩子是一个完整的个体，明白每个人的成长速度有快有慢，避免拿单一的标准套用在每个孩子的身上，这样自然就不会有恨铁不成钢的焦虑、烦躁心理。

我相信，每个人都可以进步，无论孩子或大人，都不必过于在意自己过去的成绩好不好，人人都可以试着做到最有成就感的事情，找到自己一天最有精神的时间，用最有效的方法来学习。当看书无法集中精神时，可以大声地朗读出来，也可以试着动手操作一次。每个人都有自己擅长的优势，找到自己感觉最舒适的方式去练习就会取得进步。

学霸们的学习效率很高，通常不需要花很多时间补习，更不用熬夜写作业。优秀学生不喜欢用大多数学生惯常的刻板方式来读书，而是更懂得采取激活大脑的方法来加深印象。如果学校老师或父母用某种统一的方式要求所有孩子，或许天才就没有机会展现实力。

每个人都要懂得欣赏自己的优点，虚心请教才能享受学习的乐趣。让我们拥有宽广的胸怀来接纳不同的孩子，别给孩子束缚，别让天才变差生。

# 5

# 考验父母情商的聪明孩子

许多天赋好的孩子语言能力发展较快，身边的人会觉得这个孩子虽然只有两三岁，但能言善辩，表达能力超群，很令人羡慕。不过，这样的孩子有时也会和父母发生冲突。

语言逻辑能力强的孩子似乎在很小的年纪就会开始挑大人说话的语病，对于不合理的要求和管教也会提出疑问。“为什么要这样做？”“如果不做会怎样？”父母经常被追根究底的问题弄得烦躁起来，可是如果我们换个角度想，孩子有疑问是好奇心使然，不懂就会有疑惑，并不是孩子故意唱反调啊！当孩子提出问题时代表他在思考，拥有思考能力也意味着孩子长大了。

在孩子提出新问题时，我们要耐心地倾听和引导，如果孩子已经能认字，就可以开始教导孩子寻找问题的答案了。现代人获得知识的方法很多，除了父母直接告诉答案，我们也可以教导孩子查字典、上网查数据、请教别人，让孩子养成自己找答案的习惯对于聪明的孩子来说特别重要。

## 避免孩子产生厌学的心态

“早点写完作业有什么用？每次写太快，我妈妈就会给我布置更多的作业，哎呀，反正无论我考多好，她都不会满足的啊！”小慧是个五年级的女孩，妈妈想了解女儿为什么越大越不听话。而第一次见面时，聪明的女孩就说出母女冲突的答案了。我发现一个有意思的现象：智商高而学习成绩不佳的孩子常会这样说。

如果想让聪明的孩子保持稳定的好成绩，父母要用温和的方式开导孩子，我们要相信孩子有能力可以做好自己，培养孩子自律和自我反思的能力。事实上孩子们并不如父母所担心的那么弱小而无法独立，父母过度的呵护和压抑都会让孩子产生逃避的心态。

有些孩子天生就有较好的记忆力，他们不需要花太多时间辛苦地读书，成绩就能维持在中等以上的水平，比起需要重复练习才能记住的同学，反应快的孩子知道自己并不差。然而这些孩子的父母通常有“望子成龙、望女成凤”的心理，所以尽管想给孩子最好的一切，同时也期待聪明的孩子能表现得更好一些。因此父母在平时的言语交流中难免会有更高的要求或为孩子规划更美好的未来。

代沟是两代人之间沟通不良的结果。而亲子冲突的最大原因就是期望和现实的差距太大。管教孩子是父母的责任，不同年龄孩子的理解能力和行为都会不同，随着年龄增大而有所改变，因此父母和子女都要学习如何让别人知道自己的想法，也要同理对方的感受。

除了读书以外，孩子在成长的过程还要学习很多待人接物的经验。生活经验和价值观的建立等是孩子成长过程中必需的，而学校教育无法给足的部分，这些有赖于家庭教育来补足。如果父母每天只跟孩子谈论读书、考试相关的话题，甚至针对考试分数而争论，这样容易让孩子产生叛逆或逃避的状态。

## 虚心学习是为了更好地利他

在孩子成长的过程中，家长可能因为爱太深，因而忘记需要从小教育孩子懂得关心家人，以及为家人付出。培养特别会说话的孩子理性思维的同时，也要注意感性与理性平衡，避免孩子有得理不饶人的言行。

“为什么要上学？”“为什么要考试？”这类问题是许多反应快的孩子常问的问题。大部分孩子或许觉得不该问或没有勇气说出心中的疑惑。只有少部分孩子会坦率地提出疑问。“考上好学校可以受人尊重”“能赚更多的钱”“能找到更好的对象”，老师、家长们往往给的答案无法满足有好奇心的聪明孩子，因为父母谈的未来遥不可及，孩子们无法想象。读书能改善家庭经济这样的说法，对学生而言已经不再具有说服力。

许多父母早在孩子上幼儿园前后，就会经常问宝宝：“你要不要学跳舞啊？”“今天想吃什么？”“你喜欢这位老师吗？”父母常常问孩子“要不要”，每当发现孩子有丝毫犹豫的表情时，大人也就放弃了。让幼小孩子做这种选择的亲子互动模式并不恰当，因为孩子从小到大的生活都很安逸，日积月累后，就导致孩子耐挫力差，在面对有难度或没有明显反馈的活动时，会缺少尝试学习的意愿。

我们需要激发孩子的好奇心，让他们能对新事物感兴趣。为什么要学习？少点儿利己的理由，因为我们身处的大环境已经不再贫穷匮乏，父母和老师要引导给孩子设定更高层次的学习目标：“我想让自己更好，我可以帮助别人。”

# 6

## 缺乏运动的孩子容易有挫折感

“我家儿子可能真不是读书的料，学校老师经常找我告状，说他上课时从来不认真。我看他回家就躺在沙发上，真想把沙发扔掉算了。如果没地方躺，那他就只能坐好看书了吧？我们全家人都忍耐着不看电视，您看这样有没有用？”

一位气急败坏的妈妈通过朋友介绍约我谈一谈，在她说话时，我的脑海中马上浮现出电视剧中夸张的亲子冲突场景。下一个场景则是父母都不做自己的事了，围着一个孩子坐好，看他写作业、背书的画面。“这可不妙啊！”如果我是这个孩子，肯定更不爱读书了，我打住自己的联想，努力保持倾听。

“亲爱的，下回您不会想把睡觉的床也扔了吧？如果孩子放学回家看不到沙发椅，索性躺床上玩手机时，您想怎么办？”那位火冒三丈的妈妈听了我的话，露出无奈的笑容：“好吧，我不会把家具真的丢掉，当初买的时候也花了不少钱，那我该怎么教育孩子？”

原来电视剧所演的夸张情节，竟然也都是发生在我们身边的真实故事。每个人在情绪失控时都可能失去理智，冲动地冒出一些奇怪的念头。在教导孩子时更要留意自己的情绪，要设法使自己冷静思考，因为大人通常要比儿童更具有抑制冲动的能力。

父母和老师在遇到学生有不当行为时，必须针对事件发生的原因找到解决之道，而不是粗暴地直接去除大人所不想看见的东西，否则学生无法改变想法和行为，只是单纯机械地达到大人希望他们去执行的目标。

为什么孩子总是坐没坐相，一副懒懒散散的样子呢？最大的原因是缺乏运动。有运动习惯的人通常肌肉结实，结实的肌肉才能更好地支撑身体骨架，不容易呈现弯腰驼背的姿态。因此，学生上课或写作业的坐姿不良，绝对不是骂人或处罚就可以改善的。

姿势不佳的学生很容易被老师和家长批评为学习态度不好。

您的孩子是否也有体力不足、经常喊累的情况呢？冷静想想，孩子多久没有运动了？姿势是无声的身体语言，我们必须学会观察孩子真正的需要，而不是塞给孩子完全吸收不了的大道理。

试想，一个目标明确的孩子，如果身体动作总是跟不上，是不是就容易有挫折感、容易发脾气？如果孩子长期都得不到成就感，无法听到别人的肯定，长大后可能容易看什么都不顺眼。

# 7

# “差生”究竟差在哪里

当今学习的途径有很多，除了学校教育之外，还有很多在线教学或自学方式。但奇怪的是，孩子的学习压力并没有缓解，家长也因此越来越焦虑，而且各种学习的信息越多，越不知道如何选择……在竞争压力大的一线城市，学习问题已经影响到亲子关系和家庭和谐了。在补习班任教多年的朋友感慨：一些“差生”其实很需要帮助，孩子们也希望自己成绩更好。

我一直质疑“差生”这个词，也经常会跟朋友们争论这个词。为什么要叫差生？考试成绩不好并不表示孩子就比别人差！不说这个让人不舒服的名词好吗？

家长和老师都说，孩子进入小学以后，如果考试成绩未达到一定的标准，拉下全班平均分就会被其他人认为是“差生”。在应试教育的体制下，“差生”在学校的压力是相当大的，他们需要忍受老师和同学或家长特别的眼光。然而在这些学习成绩处于班级中后段的孩子当中，也有不少平时很认真，但只要遇到考试就会紧张而发挥失常的人。

每个孩子都希望自己得到赞美。若只拿分数来评价一个还在发展中的儿童或青少年，未免过于武断，也容易让不擅长考试的人感到挫败。只要找到困扰孩子学习的原因，用对方法引导就可能改善，爸爸妈妈要让孩子觉得自己很棒才对，千万可别把天才变“差生”呀!

大部分家长在看到孩子成绩不好时就会让他们去上补习班，经济条件好的家长因为担心上大课效果不好，还会重金聘请家庭教师进行一对一的辅导。英语不好补英语、数学不好补数学……全部不好的就来个全科补习。很少有人认真思考：一对一补习真的好吗？全科补习的方式费力伤神，焦虑型的家长期望过高，于是不分青红皂白地要求孩子将作业擦掉重做一次，或者强迫孩子每天晚上上补习班，搞题海战术，但家长可能并没有注意到即使孩子坐在书桌前，心思也并不在学习上，心情是抵触或沮丧的。长期强迫高压的学习真的无法让孩子产生学习的兴趣和热情，反而会让孩子产生抗拒学习的后果。

彻底理解才能记得牢、记得久，孩子必须累积丰富的常识才能随机应变。学校老师在讲台上认真讲课，有些孩子会听不懂，会走神。家长期待孩子都能安静坐在座位上认真听课，会不停地提醒孩子："上课要认真听才能记住呀！"但事实上记住老师说的话，并不代表孩子真正听懂。成绩好的孩子通过考试能获得成就感。成绩不好的孩子听到"考试"二字就会提不起精神。因此当我们进一步分析学生看见题目后的反应，就可以发现所谓的"差生"很有可能连问题都"没听懂"或者"没有看懂"，当然他们也就不可能在规定的时间内正确地回答问题了。

那些在课堂上经常会"看不懂"或"听不懂"的学生必须先改善理解能力。欧美国家的教育专家数十年前便开始研究大脑认知学习的神经生理发展，认为教和学不仅限于单方的知识传递。换句话说，如果老师说了但孩子听不懂就等于老师没说，看不懂内容又强迫孩子静坐苦读，不过是浪费时间而徒劳无功。

不少家长会特别关注考试题目和评分方式，千方百计研究如何让孩子考高分。其实父母的焦虑是不必要的。一位真正能融会贯通的优秀学生具有稳定而开放的学习特质，不管考试中遇到题目形式怎么变化，都能稳住自己的心情，随机应变，充分展现实力。

题海战术不适合每个学生，所以，别再强迫孩子死记硬背。考试形式千变万化，最常见的有口试和笔试等。不同的孩子擅长的能力也不同，擅长口头表达的孩子喜欢口试，要动手写成文字可能有困难。擅长写文章的孩子如果怕生害羞，遇到口试可能会紧张得一句话也说不出来……因此我们必须先了解自家孩子的特质，让孩子从小就有良好的适应能力，长大后才能有更好的解决问题的能力。毕竟我们的社会不是需要只会考试的机器人，而是需要能够把学问发挥出来的未来人才。

如果家长发现孩子和其他孩子不一样，请先冷静地观察他和别人究竟有哪里不一样。很可能孩子与众不同的地方其实正是他的优点，可惜家人或老师没有发现，因而错失适当的引导机会。

大脑发育的成熟度和学校成绩的好坏有一定关系。一般来说，能遵守游戏规则的孩子才能控制冲动行为，而能控制冲动的孩子，不管在学习上还是情绪调节上都会有相对稳定的表现。所以，无论家长想培养孩子什么样的能力，都必须尊重孩子成长的步调，千万不能急躁。遇到学得快的孩子可以把学习的目标加深、拓宽，若孩子学得慢，就得耐心引导孩子先把基础扎稳。只有正向的鼓励，才能激发孩子内在动力去追求更好。

**小贴士**

- 客观评估孩子的能力，调整学习节奏，稳步前进，先扎稳基础。
- 引发孩子的好奇心，让孩子主动参与，逐渐养成好习惯。

第 3 章

# 激发孩子的学习动力

# 1

## 不要说打击学习热情的话

暑假的一天，七年级的家豪陪妹妹来亲子馆上课，这个帅气的小男孩突然问："老师，我可以问个问题吗？您觉得我要怎么做才能让妈妈高兴？我常把妈妈惹哭，但是我真的希望她开心。"

"你是最近才惹妈妈不开心吗？我刚刚发现你照顾妹妹和其他小朋友时很细心，心里还在想，有位善良又有爱心的大哥哥真好。说说看，你发现妈妈遇到什么情况会不开心？"

"她常常会为我的事情生气。比如老师跟妈妈抱怨我的成绩不好，妈妈就会生气。我知道妈妈很累，很多事情困扰她，爸爸工作的地方太远很少回来，都是她一个人照顾我们，所以我希望能让她少担心一点儿。”

家豪说自己的成绩时好时坏：“我也想要努力学习，让考试成绩更好，可有时候就是觉得静不下来。”从谈话中可以看出他真心想改变，希望能够让妈妈和老师看到自己也想有好成绩。

通过观察我发现家豪确实是静不下来，就连说话也一直在走来走去。

他见我盯着他看，便问：“老师，您觉得我哪里有问题吗？”

“一点儿问题也没有，你很正常，像你这样的学生有很多，你想在背书的时候能一边走一边背，对吗？”男孩听后惊讶地连连点头，像遇到知音一样非常开心。

我告诉他说：“我来跟妈妈商量，让她同意你在自己房间可以一边走来走去一边背书，好不好？”

原来妈妈也经常批评他不够认真、学习态度不佳，但他是真的很想认真学习。谈话过程中，家豪还经常转动脖子，可是聊天的过程从容稳定，思路清楚而且对答时彬彬有礼，显然是真心想改善问题才会主动和陌生的老师谈话。

## 被禁止运动的篮球队长

其实家豪说话时的小动作过多，感统失调的外显行为很明显。他需要更多的感觉运动刺激，否则就会坐不住，背书时也可能会摇头晃脑，让人看起来就是一副对学习心不在焉的样子。我跟他深入交流后才知道：他在小学时还是学校的篮球队长，可是升到中学后，学校没有体育课了，放学后学生更被强迫做大量的作业。他说："老师觉得我们不能浪费时间，要把时间用在努力学习上。"孩子长时间坐在书桌前实际上注意力并未集中，不停地在走神。大人如果用错误的观念强迫孩子用苦读法学习，只会适得其反。

青春期孩子需要大量的运动，当今内地的学生处在巨大的升学压力下，学校停掉体育课用来上英语或数学等主要科目的情况很普遍。因此像家豪这类运动型学生特别需要分时段学习的方法，家长若能同意让孩子在房间背书时能站起来走一走，写作业时每隔50分钟就休息10分钟，学习效率就会比长时间坐着不动要好得多。

父母和老师常在求好心切时，忍不住说出一些令青春期孩子产生反感的激励话语，其实孩子不一定能够理解家长的"激将法"。有时反而会打击那些想认真学习但一直找不到方法的孩子，过多的唠叨或批评只会让孩子失去自信或产生放弃的念头。无论对待孩子还是家人都要鼓励多于批评，不要小看语言的力量。

## 小贴士

### 避免打击孩子的热情

大人最常打击孩子学习热情的十句话：

| 您会这样跟孩子说话吗？ | 不良责备的潜在危机 |
| --- | --- |
| 1.为什么你不能像某某一样？ | 易造成排斥心理，让孩子对表现好的人产生敌意。 |
| 2.你不能认真一点儿吗？ | 否定孩子努力的过程，学不好的孩子需要更具体的指导。 |
| 3.教过多少次了，你不能用点儿心吗？ | 可能孩子对内容并不理解，反而错怪孩子不用心。 |
| 4.为什么别人都会就你不会？ | 不管强势还是冷漠地质问，都会增加孩子的挫折感。 |
| 5.难道你就不能体谅爸爸妈妈的苦心吗？ | 孩子多半能理解父母的期许，但是面对容易情绪激动的大人时，孩子会倍感压力，从而紧张失控。 |
| 6.再考不好，我看你就别读书了。 | 不当的刺激语言容易让冲动型孩子做出非理智的选择，小心个性较强的孩子故意唱反调。 |
| 7.不要学坏就好，反正我也没指望你。 | 无法让孩子建立责任感，不给孩子压力反而造成日后亲子关系疏离。 |
| 8.没关系，反正分数也不重要。 | 孩子对学习失去目标感，得过且过、容易抱怨。 |
| 9.这种比赛（考试）不公平…… | 在孩子面前批评师长容易积累负能量，孩子也会经常抱怨或整天喊累。 |
| 10.什么事都不要管，只要把书读好就行。 | 这样说会导致孩子自理能力较弱、环境适应力不良，人际互动能力欠佳。 |

# 2

## 经常赞美孩子可以激发孩子学习动力

彼得是幼儿园大班的男孩，从进入感统教室起，在老师引导他做基本运动的15分钟时间里，他一直在喊："这太幼稚了，可以让我做点儿有挑战性的事吗？"

虽然孩子口中反复高喊"幼稚"，事实上爱说大话的彼得仍然是服从要求，准确地完成了基本动作，但我提醒父母，我观察到彼得做动作时所表现出的平衡感不佳等情况。

最重要的是我们看到这个孩子做事情很容易放弃，必须在老师明确而坚定的命令下，他才会去执行，并且反复强调很多次才能正确地做出标准动作。在教室中，彼得至少说了20次：

“我很厉害的！”所以感统失调除了会影响孩子的学习表现，还会影响孩子的心理，这样的孩子很需要得到别人的鼓励和认同。

“为什么我的孩子会这样？他小时候很可爱，现在怎么变成这样了？学校老师快受不了他了。”尽管彼得的妈妈用平淡的语调在说话，但我知道她现在心情一定很糟。

小彼得的确是个好动活泼的孩子，已经上大班了，从进门开始我就在观察他，发现他的动作幅度特别大，自控性不太好，所以行为动作就会显现出很没规矩的样子。但其实这是可以调整改善的。他还是个可爱的小孩子呀！我们不能轻言放弃。

秩序感和动作协调性都能在专业老师的指导下快速进步。而彼得从小班到大班的两年多时间里，一直被老师批评和纠正。所以在初次见面时，这孩子才会不停地向我们强调：“我很厉害的！你们真无聊，这个游戏太幼稚了！”这种情况就需要彼得的爸爸妈妈跟我们配合。我也建议他的父母要经常称赞儿子做得不错，多想想儿子有什么值得赞美的行为表现。

“我没看到他身上有什么值得赞美的地方，”彼得的妈妈冷冷地回答说，“他从上幼儿园开始就很淘气，上课不听话，不配合团体活动，每天放学去接他，老师都会一通投诉。唉，我怎么会有这种孩子？”

与彼得妈妈谈话的当晚，我失眠了，一个家庭里，父母从来没有称赞过孩子，在这样的氛围里生活如何能愉快呢？我甚至有股冲动想对她说：“把孩子送给我吧！我觉得他很可爱。”

或许爸爸妈妈和老师们都忘记了，孩子现在才5岁。几年前，他在还不会走路、不会说话时，人们都说：“这个孩子好可爱啊！”短短几年时间，孩子能说话了，但如果没有人与他好好说话，孩子每天从早到晚听到的话都是：“不可以、不对、不好、你这样不乖。”这种情况下，一个孩子就算是天才，他的信心也会被击倒。

每个孩子都有自己的优点，需要大人去发现并适时引导出来。我们必须接纳自己的孩子，如果父母不满意眼前的状况，需要先改变的是整个家庭。若单方面要求孩子必须更好，而亲子互动的模式不做任何改变的话，通常情况是不会好转的。

# 3

## 孩子为何对奖励失去了兴趣

“如果小朋友今天上课表现好，老师会给你们发奖励卡片！”

孩子们听到老师的话热烈地欢呼，接着排队等待参加活动。只有阿良一个人坐在墙角玩手，好像事不关己的样子，于是我走进教室坐在他身旁，和他一起看小朋友游戏。

“阿良，今天身体不舒服吗？游戏看起来很好玩，等休息好了，你要不要去试试？我刚听到老师说今天完成的人都有奖励卡片，怎么那么好啊？”

“我不要奖励卡，得奖也没什么好高兴的！这些奖励卡也不是钱又不能吃。我爸爸说奖励卡一点儿用处都没有，把奖励卡拿回家也不过就是一堆没用的废纸。”

阿良是小学一年级的孩子，这本该是喜欢玩、有荣誉感，想要得到老师和同伴认同的年纪。当他听到有奖励卡反而不想做，不符合常理，才一年级的孩子就有这种想法也让人担心。

“我很少听人说奖励卡是没用的东西，你也觉得没用吗？”

“是啊，我爸说奖励卡最没有用！所以我不想拿废纸，奖励卡也是假的又不能换钱，骗小孩子的。”孩子都想玩，想被人赞赏。阿良虽然嘴上这样说，但如果能真的得奖也会高兴。

大人不经意的一句话，或许是开玩笑或发泄心中的不满，但谁知道会在不知不觉中就深刻地影响了孩子的价值观。也许是为了安慰人，不想孩子的得失心太重？但是不管出于何种理由，我们都不能随口调侃别人的获奖和成功，同样也不能拿过多的物质奖励去刺激一个人不当的欲望。年幼的孩子需要先建立荣誉感。所以无形的鼓励比有形的奖赏更能激发孩子的学习动力。

怎么可以让才一年级的学生就对奖励失去热情呢？听到阿良的话，我有些难过，深吸了一口气，才让自己振作了精神。

“阿良，老师想给小朋友发奖励卡片是因为看到大家很认真地完成任务，得到奖励卡的人今后在看到奖励卡时会想起来自己曾经的努力——这是我做了好事让别人和自己都觉得很开心，才得到这个奖励。”我试着引导阿良想象得到奖励卡的感觉，我夸张的表情和动作终于让他提起精神了。

“我常听到玲玲老师说特别喜欢你们，你们班上的小朋友一定做事很认真，所以今天她才想给你们发奖励卡片。你看小朋友是不是很努力？豆豆越来越棒了，你看到了没有？”

“如果你要问我送奖励卡片或送糖果哪个比较好？我会选奖励卡片。因为糖果吃完就没了，奖励卡片却可以一直保留着，你可以把它收好，过些时候再看到就会想起来，这张小卡片是努力的人才能得到的。有奖励卡片是不是会感觉很好呢？”阿良突然站起来大叫：“等一下，我也要玩！”说完快速冲到同伴当中。

学习动机需要被诱导出来，而不是被浇熄。谁能想到活泼的孩子竟然对各种精神奖励表现得十分冷漠，而原因只不过是父母随口一句“奖励没有用”呢？

奖励无罪，错在误解。

# 4

# 不要强迫孩子做机械式的学习

默默是位四年级的男孩，性格比较内向。初次见面时，我发现他很容易紧张，在玩益智游戏的过程中他经常问："老师，我答对了吗？"其实当默默一个人玩积木时，无人指导，他就能搭建出结构相当完整的作品，可是在听到老师有选择性的问题时，他就失去自信而不敢回答。这个男孩的观察力、记忆力只算中等，但是从思考到动作反应出现的停顿现象，能看出他玩游戏的经验很少。

"老师，我的儿子还有救吗？有什么办法可以帮助他吗？"默默的妈妈焦虑万分，她说孩子已经被学校老师归为"差生"

了。“我每天要花2个小时教他完成家庭作业，为什么孩子总是感觉不到大人的用心呢？我真的好累呀！老师，请您如实告诉我，我的儿子是不是没救了？”

我觉得很奇怪，孩子又没有生病，家长怎能因为成绩不好而说孩子没救了呢？当我们发现孩子成绩跟不上时，正确的方法应该是冷静地帮助孩子找出更有效的方法，千万不能太早对孩子的学习能力下定论，更不能轻易放弃孩子。

默默妈妈试图平静地讲述孩子每晚做作业的情况：“已经快两年了，我每天下班回家后的第一件事就是叫他把作业拿来给我检查，我希望孩子能为自己负责，所以看到错误率实在太高的时候，我都会叫他把作业全部擦掉重新写。”

## 热情和自信被擦掉了

“每天的作业都要全部重写吗？”我怀疑地问。听到这位母亲的处理方式，我有种心痛的感觉，想象如果自己的作业被全部否定的情景，那种挫败感真是异常沉重。

“几乎是这样啊，除非那天我加班而没办法陪他写作业，不然每天都要两三个小时陪他写作业、改作业，每天都是直到我发火他才会听话。谁叫他自己不认真呢？我就是要让他多做几次加深印象。如果不强迫他把自己的作业完成，长大就会没有责任感。”

孩子害怕回答问题的原因找到了。从我们对他的测评和创作游戏的过程都可以看出默默并不笨，他只是因为缺乏自信不想也不敢回答任何问题，很可能因为无论是“做对”还是“做错”，都必须在妈妈回家后归零重来，孩子的学习热情和自信心，也就随着作业本被一再擦掉了。

如果作业做对了得不到赞美，遇到不会的问题时得不到具体的提示，反而还会经常被骂、被处罚，长期下来孩子会对自己的能力产生怀疑，从而表现出脑袋放空走神的表情，可能是无言的抗议，也可能是种反射动作。孩子的大脑存在负面经验，以为听到问题不可以随便回答，否则会被骂得很惨。本来是充满活力的年龄，孩子脸上消极的表情和行动已传达出求助的信息，可惜家人甚至最亲近的妈妈并未发现。

强迫孩子做机械式的学习，光听起来就觉得很累。用错误的方法不仅是浪费时间，也会造成家庭气氛紧张。学习应该是快乐的、更有效率的才对。

启发教育就是首先要引起好奇心，孩子必须不怕做错，并且能从每次的错误中找到修正方法，这样才是真正的学习。

# 5

## 为什么越补课学习越差

家长让孩子上补习班的目的五花八门，最终无非是希望看到孩子的成绩进步。可是通常结果并不如父母所预期的，甚至还有人失望地说：“真是越补漏洞越大啊！”

很多家长的心声是这样的：

◆ 其实我们也没抱多大的希望，只是别人家的孩子都去补习班了，如果孩子放学直接回家总觉得心里不安，怕被别人远远地甩在后面了。

◆ 反正我们做父母的教不了，交给老师最省事吧。

◆我们只能尽量给孩子创造学习机会，孩子是不是读书的料也得看他自己。

而孩子的心声则是这样的：

◆是我妈妈要我去的，大人难道不知道我们白天很累吗？

◆同学都去补习班了，如果我不去会很无聊。

◆我觉得补习班老师教得更清楚，我想再考好一点儿，所以还需要额外补习。

其实从父母和孩子的这些心声中可以预测出补习最后的结果——并不会太好。因为只有真心发现自己的不足才能虚心学习，补习也才会有效，否则真的只会越补越反感。

课后补习的目的应该是补充不足的部分，通常成绩保持领先的孩子很少去大量上补习班，因为他们有较好的专注力和记忆力，举一反三的逻辑思维能力也很强，所以能在较短的时间里把学过的知识整合清楚。而成绩不够理想的孩子应该先理清楚到底哪一门课业较难理解。没有理解是因为复习的时间不够，还是上课时根本就没听懂？或者只是在考试时紧张导致了失常？

导致成绩不佳的原因有很多，要想提高成绩应该针对不同的原因来找到适合的改善方式。举最简单的例子来说：如果早晨上课很想睡觉，在教室中无法集中精神，就必须先调整晚上休息的时间，早点儿睡觉，否则就会陷入恶性循环当中。而家长很可能只看到成绩单上的不及格，每天晚上孩子必须去补习班，直到晚上10点回家才开始写学校留的作业，虽然确实是花了两倍时间来学习，但其实孩子并没有真正明白老师所教的是什么。

造成学生越补习成绩越差的原因除了没有“对症下药”，也有“用药过量”的原因。望子成龙的家长仍然用强迫记忆法来训练孩子，仍然坚持给孩子布置更多的作业，如果有错就重新再写，直到完全写对。对学习力强的孩子而言，单调重复的练习很无趣，对没有学明白的孩子而言只是机械式地完成抄写动作。这种补救方法实在不科学，在某种程度上，就如同吃药过度，只会造成身心更大的负担，而对提高学习成绩真的没有帮助。

# 6

## 孩子为何没有学习动力

从事亲子教育工作十多年来，我发现一个值得关注的现象：在所有来参加感觉统合亲子活动的学员中，男孩的人数几乎占了三分之二。而在这些男孩和女孩比例不均的学员中，小女孩多半聪明可爱，动作反应快，说起话来很流畅。可是每当遇到老师想引导大家做那些需要动脑的益智游戏时，好动的男孩会更快速地集中注意力，争相尝试新的游戏。反而平时很会说话的“小公主”，此时会开始撒娇、讨价还价，企图转移大人的注意力。

照理说，小女孩心智成熟比较快，在小学阶段考试分数通常也比男生高。可是也有聪明可爱的小女孩在进入小学后成绩一直上不去，她们最大的学习瓶颈就是“太会说”。成绩未达预期水平的小女孩最好能及早接受感觉统合的指导，通过游戏来调整孩子在遇到新事物时因为神经系统敏感而产生的直觉抗拒反应。

“女孩应该更懂得遵守纪律啊！怎么总是男生上课比较准时呢？”在某次和老师们讨论学生个案成长情况时，针对在出勤状况较不稳定的名单中幼龄女童偏多的现象，我请老师们各自谈谈指导方向，想些办法鼓励家长管教好孩子。

“难道是重男轻女吗？我爸就跟我说，女孩子不必太能干，只要将来嫁得好。”有位老师从父母对子女的期望这一角度来解释。类似的论调并不陌生，家长应当警觉，改掉这种说话的方式。因为自我设限的观念会在不知不觉中导致孩子寻求安逸、高智商而低成就的潜在问题。

“女孩更需要认真读书，读书可以长智慧，心灵美人才会美，感觉统合好的人幸福感都会比较强。无论大人或孩子，千万不要眼高手低，经常开口就喊累或讨价还价的，赶快戒掉成天说无聊、不想动脑子的坏习惯。我们要经常接受不同的感觉刺激，才会触发大脑神经元的突触联结，使我们头脑思绪反应更灵活；经常放空不动脑、不运动的人，身心健康会日渐削弱。

## 小贴士

乐观积极的学习态度，培养内在的成就动机

可以从以下几个方面来培养孩子的主动性：

- 向长辈请安问好。
- 收拾玩具、书本、学校作业，收拾自己的衣物和房间。
- 关心家人、朋友。
- 明辨是非。
- 自省能力。
- 自理能力。
- 乐于助人。
- 具有荣誉感。

# 7

## 父母参与孩子的学习也要有个度

如今的父母参与学校活动越来越多，尤其是一、二线城市的家长参与热情和积极性更高，参与度也更大。这里其实也有一个问题，有时家长对参与程度的拿捏经常失准，显得参与过度。

上海市某重点小学三年级学生小宣的妈妈说：“老师要求家长积极参与班级中的家长课堂，给孩子做做讲座，我最怕到孩子的班上去做这些事情，这比在公司主持跨国视频会议的压力更大。”

“为什么还要去班上做讲座？上台容易紧张的人该怎么办？”

“真惨，我家孩子明年上学了！”那些幼儿园家长听后也纷纷紧张起来。

“班上的老师说想做什么活动都行，有时间的妈妈通常就组织活动邀请同学参加，爸爸也要准备上台表演。本来我也觉得孩子学校的事我们大人努力配合老师就好了。可是其他同学的妈妈跟我说要多做一点儿，听说老师会忙不过来，如果家长没有参加，又怕孩子在班上显得没面子。”小宣妈妈很苦恼，她是位工作繁忙的职业女性，无法每星期都准时参加小学家长们的聚会，但又担心孩子会因此而被孤立。

我告诉家长说不用太焦虑，孩子其实可以自己做好的，但是一半以上的妈妈都摇头叹息。因为她们不相信孩子有能力自己把作业做好。

“我真的不用辅导孩子写作业吗？虽然听您这么说，但我还是怕她做不好而被老师骂。想想班上那些孩子的作业看起来也不像孩子自己做的。我家小宣交给老师的作业看起来真的比较幼稚。”小宣妈妈和大家一起苦笑。我们觉得呈现真实的能力更好，因为我们很清楚到中学之后，家庭作业难度会大大增加，当家长无法代劳的时候，能够自己完成作业才是真正有实力的学生。

很多妈妈对参与学校活动的频率过高及家长和老师的沟通问题感到有很大的压力。家长、老师之间的关系疏离或者有误解往往是因为彼此间没有沟通到位，双方只是靠各自的猜测和想象，于是形成了恶性循环：家长觉得老师安排不好学生的学习，老师觉得家长不够关心孩子，老师和家长之间若缺乏良性的互动，情绪比较敏感的孩子也容易紧张不安。

所以说，父母参与学校活动的真正目的是做好老师和家长之间的沟通，而绝对不是爸爸妈妈出手帮孩子交出完美的家庭作业，更不是为了减少老师的工作量，也不必挖空心思刻意讨好老师或其他同学。家长和老师可以通过沟通了解孩子更多情况，家长必须花时间大概知道这学期的教学目标是什么。万一孩子在学习上遇到困难时，老师和家长需要讨论怎样合作帮助孩子攻克眼前的难关，而不是互相责怪对方没教好或责骂学生不求上进。

家长不能帮孩子做作业，就算他做得慢一些，也要让孩子锻炼自己思考的能力。作业是否要以最快的时间完成，这要视作业的内容复杂程度而定。有些需要进行体验后才能完成的作业是无法求快的，比如实验观察的记录、读书心得、旅行日记等。也有些作业是帮助孩子记忆课本内容的，例如默写、抄写等，这种也不需要求快。而口算、心算等训练计算速度的作业就必须勤于练习，提高速度。一开始，我们要教导孩子注重作业的质量，接着才能追求速度变快，否则学生不会理解自己做作业有什么意义。

孩子必须学会快速而又准确地完成作业，因为学校的考试家长不能代考。成年之后更不能依赖父母的经济支持而导致完全没有工作的本事和生存的适应力。教育最终目的是让孩子学会独立，成为一个完整的个体。所以亲子互动的方式是随着成长而变化的，必须随着孩子年龄的增长而调整干预程度，否则孩子永远是个被动的考试机器人。

# 8

## 对孩子要有合理的期许

家长怕孩子吃苦的保护心态，通常会造成孩子高智商、低成就。大部分家长也不知道孩子的成绩好不好，其实和小时候的生活习惯有直接关系。这是许多独生子女家庭容易忽略的小事，也是影响孩子进入学校接受正规教育时能否很快掌握学习规则的关键。

从幼儿园到小学、中学，老师们最难调整的是学生的学习态度，而学习态度与生活态度、生活习惯是相通的。我们很少看到生活习惯不佳、被动任性的孩子能有稳定的好成绩。相反地，成绩稳定的孩子不太需要大人紧盯着何时该写作业、何时该睡觉。

社会上并没有开设补习生活自理能力的补习班，只有无数为考试分数的加强班，而事实上一个有趣的现象是：补习最多的学生不一定是考上好学校的人。能够考上好学校的学生，每周最多只参加两项课后的补习。

我是一个不赞同死读书的人，所以才会投入近二十年时间研究如何让孩子学习更有效率。在从事亲子教育多年后，我发现一个最简单的方法可以让孩子的成绩随着年龄增长而自然变好，那就是家长把学习的任务交还给孩子，不要抢着去帮孩子做孩子自己应该做的事。

父母有望子成龙的心态，只不过绝大多数父母不愿意说出来。他们告诉孩子：“只要你快乐就好，爸妈不会成为你的负担。”孩子真的相信了，只要快乐就好，读书很累我不要、学习无趣我不要。最终孩子变成永远长不大的样子，他的年龄增长了但能力没有增强，于是变成父母永远的负担。如果变成这样，还是爱的教育吗？为人父母千万不可误解爱的真谛。

我们对孩子要有期许，必须告诉孩子：“你长大了，爸爸妈妈喜欢你长大的样子。”“孩子请过来一下，爸爸妈妈需要你帮忙。”当孩子明白自己在家庭中的重要性，体会到帮助他人的快乐，他自然就会产生学习的主动性，并渐渐成为一个有独立思考能力和行为能力的优秀学生。

## 小贴士

溺爱的征兆

- 没有大人帮忙就不会自己动手吃饭。
- 挑食偏食，为吃饭问题伤神。
- 只和大人相处，不会跟其他孩子一起玩。
- 孩子容易跌倒，常要提醒注意脚下。
- 不会自己刷牙、洗脸、洗澡。
- 常说“我不会”，要求大人帮忙。
- 听到孩子说累就忍不住出手协助。
- 孩子什么都想学，却不见主动练习。
- 孩子想买东西会设法满足他。
- 经常会担心孩子可能遇到困难。

如果你发现孩子的学习成绩不够理想，很可能首先需要改变的是亲子互动方式和生活习惯。

# 第 4 章

# 为孩子
# 创造良好的
# 学习环境

# 1

## 父母陪读好不好

“女儿的老师又打电话催我去学校，肯定又要抱怨我没有好好给孩子复习功课了！我这女儿可能不是读书的料，看来我要放弃了……”Petty的女儿上小学二年级，她说女儿上小学后就常接到学校老师抱怨的电话，说女儿上课不专心，要求她多花时间陪孩子读书。Petty拿出手机让我看她女儿的照片，镜头下的她是个文静的小女孩，衣着打扮很精致。

接着，Petty又跟我说：“老师，您看，其实我陪孩子的时间并不少啊！从幼儿园到现在，我每天下班回家再累也都坚持念书给她听，每天给她讲故事也要讲一小时以上，可是没用啊！”

像Petty这样肯花大量时间在孩子身上的母亲实属难得了。很多家长工作繁忙，需要出差，孩子出生后委托长辈照顾，长大后学习就交给家庭教师或课后班辅导。学校老师不断提醒家长要多花时间教育孩子，而多数家长面对无法跟上进度的孩子根本使不上劲儿。

发现孩子有学习困扰时，父母需要知道“在家能做些什么”“如何调整孩子的习惯”，若大人反复抱怨孩子的缺点而在生活习惯上不做任何改变，花再多的时间陪读其实也是于事无补。因为家长也是第一次当爸爸妈妈，如果家长能知道怎么教，也不至于孩子学习差从而造成学校老师的困扰了。

孩子的学习方法必须依照年龄而调整，“从被动吸收”逐渐发展到“主动探索”的自主学习。大人长时间的陪读很可能养成孩子依赖的习惯。学校教育采用的是一对多的教学方式，班级学生人数众多，老师无法顾及每位学生是否听懂或看懂，万一孩子无法掌握课堂上老师所讲的内容，那么他们就无法记住老师所讲述的重点在哪里，很容易出现茫然的情况。

无论一对一的教学指导还是集体课程都不能只有单向的教导，教和学的双方必须产生互动，如同打球一样有来有往。可以摸到实物或看到实物的方法更适合年龄较小的孩子，因为能加深学习的印象。

单一的说话语调和影像会像看电视一样产生催眠的作用，无法引起大脑的活化刺激，所以较有经验的指导者更善于激起别人的兴趣和好奇心。

想给孩子讲故事不能只照着书念，家长可以引导孩子从小看图说故事，要让孩子学习解读视觉看见的影像，认识图像、学习认字，进而理解文字和抽象的意境。

### 小贴士

好父母陪伴不陪读

- 明智的父母会珍惜亲子相处的时间，关心陪伴而不陪读。引导孩子发现周围的人、事、物，培养孩子敏锐的观察力。
- 鼓励孩子自主学习，即便父母或老师还没有教过，他们也可以自己学会。

# 2

## 要不要帮孩子挑老师

父母都希望给孩子最好的成长环境，都会想方设法给孩子找个好老师。什么样的老师最好呢？这又是个令家长烦恼的问题，套句父母常说的话就是："挑老师这事儿很纠结啊！"

每年开学后的第一个月，爸爸妈妈常为了孩子入学后的情况而紧张，"孩子上学后能适应吗？"家长都会担心孩子上学后换个环境和老师可能会不习惯，但孩子必须学着成为主动探索的独立个体，父母也必须让孩子从小就对环境变化有更好的适应能力。

妈妈在孩子上幼儿园之前或给孩子找家庭教师时，特别容易产生焦虑情绪。一方面担心孩子没有得到足够的关注，想找个温柔细心的老师；另一方面又怕孩子学习进度跟不上，也希望老师能够规范孩子的行为，至少要保证成绩，否则就会责怪老师不够好。

父母若希望老师能配合家长的要求，给孩子特别的关注，其实存在很大的问题。因为孩子不可能只跟父母喜欢的老师学习。孩子必须锻炼和不同的人相处的能力，但是我们经常听到爸爸妈妈或孩子抱怨不喜欢老师。如果孩子不喜欢某个老师通常就不会认真听课，长大也容易因为情绪不好就怪这怪那。

孩子对老师的尊重和喜爱程度会受到父母的影响。如果家长和老师之间以共同协助孩子的目标合作，内心存有尊师重道观念的孩子，基本上就具备较好的品格和自律性，学习能力也相对稳定许多。

“把孩子送到学校，老师不就应该教好吗？我实在看不下去……”有些家长见孩子成绩不好，便会抱怨老师没教好。我通常会告诉他们：“孩子不是老师一方去教好的，而是我们一起教好的。”火冒三丈的家长冷静后会点头或开始流泪。说实在的，我真不想看到家长在孩子出现学习问题后才跑来焦虑地问我："现在补救还来得及吗？"

教学经验丰富的老师会发现：成绩不好的学生普遍生活习惯也是比较混乱的。成绩不好不能只怪老师不会教或孩子笨，因为想要教出一个学习好的孩子并不能靠运气，而是靠天时、地利、人和多方面因素，而且缺一不可。

家长为了让孩子挤进好学校，自己省吃俭用买学区房或送孩子上私立学校。千方百计挤进名校后的数年内，其实不存在爸爸妈妈还能挑老师的问题，孩子在学校必须学习遵守老师的规定，父母也必须尊重老师的管教方法，几乎没有讨价还价的可能性。

回归基本问题，"挑老师"本该是校方的管理责任，当老师就有责任不断成长。家长也要先明白幼儿园、小学、中学、大学等不同阶段都有不同的学习目标。不论是家长、老师，还是孩子，每个人都要关注本位上必须承担的责任。孩子终究会从学校毕业，而家庭永远卸不下教育的责任。

## 小贴士

要不要挑老师？

- 凡有爱心、愿意虚心学习、自信开朗、乐观积极的人，都能成为孩子模仿学习的榜样，学会欣赏别人的优点，每个人都有值得学习之处。
- 避免以大人偏执的眼光看待不同阶段孩子的学习方式。真正的好老师通常会有扎实的基础知识和专业素养，同时具备创新的思维。

# 3

## 要不要做孩子的朋友

亲子相处的模式要如何拿捏比较好呢？许多父母掌握不好管束和教育的尺度。

2015年的春天，位于苏州新加坡工业园区的500强企业康普公司邀请我去为他们的员工做父母成长讲座，谈子女的教育问题。他们特别针对员工做了一项有关子女教育需求的问卷调查。

“你觉得亲子关系模式应该以哪一项为主？”根据这份调查的有效回收数据统计后发现：子女年龄在7岁以下的新手父母选择希望和孩子能像“朋友式的亲密无间”这项高达74%，而有14%的父母觉得“放羊式的自由发挥”更好，只有12%的人选择像“师生式的循循教导”。统计结果令我深感意外，同时也产生很大的危机感。因为这些年轻父母还没有掌握0～7岁儿童真正需要的教育。

父母对未成年孩子有养育和教导的责任，因为孩子心智能力尚未成熟，还没有足够的能力做出正确的判断。父母不宜太早把孩子视同朋友来对待，家长必须关心子女在不同年龄的身心成长状态，尊重孩子的个体差异，千万不能孩子想要什么都同意。

如果父母只想做孩子的好朋友而缺乏适时教导，最大的隐患是孩子可能被过度溺爱，也会失去行为处事的安定感。童年时期维持稳定良好的亲子互动，可建立心理的安全感，更容易培养正面积极的人生观，父母对孩子有示范指导的责任。孩子在婴幼儿阶段特别需要依赖大人来照顾，当孩子开始学走路和认识人、事、物以后，父母就必须随着孩子的成长而逐渐调整亲子互动的模式，父母有必要学习如何掌握管教“收”和“放”的尺度。

青少年时期最重视亲密的朋友关系，很多90后的新手父母依然怀念和同学、朋友一起共享欢乐的时光，他们中有很多人在尚未做好成家立业和教养子女的心理准备时就被催促着结婚生子，然后，子女的养育责任都交给了祖父母，他们自己则对婴幼儿关注的时间非常少，等到孩子入学后发现跟不上学习时已经很难调整了。

儿童的成长有一定的节奏，想教育出优秀的孩子是急不得的。明智的父母要懂得用适当的管教方法，科学育儿的方法并不难。遇到一些爷爷奶奶时，我会跟他们说：“1岁孩子请以1岁孩子的标准来养，3岁孩子就要会做3岁该会的事。”明智的长辈一般都能理解和接受。孩子从开始学说话起就要教导孩子和家人说话也必须有礼貌，送进幼儿园之前要先学会保护自己，并且懂得关心身边的人和发生的事。

父母不能任由孩子以哭闹来主导全家人的情绪。虽然父母和孩子之间像朋友一样相处融洽很令人羡慕，但是在孩子还无法判断安全和是非之前，大人必须负责为孩子的生活安全把关，让孩子能在安全的环境探索和学习，千万不能每件事都让孩子自己做决定，因为孩子的经验和知识还不完整。明智的父母不必担心纠正孩子不当的行为会影响亲子关系，也不必凡事都问孩子：“你想要吗？”

试想：如果孩子不想吃饭就放任他吃零食，长大后不想上学或觉得工作太辛苦，难道还要每天待在家让父母喂养吗？引导1～6岁的孩子，大人要用温柔而坚定的口吻和孩子说话，安全范围内的活动可放手让孩子练习，违反规定或不合理的行为必须果断阻止，不能放任孩子盲目地选择。习惯和价值观都是从小养成的。

对孩子有益的事，父母就要坚持让孩子去做，比如整理自己的房间，记住老师交代的事情。家庭是孩子模仿和学习的重要场所，父母和主要照顾者就是婴儿的启蒙老师，所以孩子在家的生活教育中能学到的事情和书本上的知识是相辅相成的。

缺乏生活体验而死读书的孩子无法学以致用，给孩子布置过量的学习任务会造成孩子身心疲乏，孩子不知道为何而学时就可能心生排斥。考前临时抱佛脚，走进考场也能考出不错的分数，但这种短期记忆留存的效果很有限，大部分内容在考试之后就忘光了。

想要有亲密和谐的亲子关系，除了要有爱，还必须同时承担更多的责任和义务。未成年的孩子需要启迪智慧的好父母和终身导师，父母也要鼓励孩子在外结交更多好朋友，家庭成员角色的定位很重要，千万不可乱了套！

# 4

## 孩子静不下来学怎么办

“动来动去容易分心”是学习成绩不稳定的学生普遍存在的问题。虽然好动是孩子的天性，但是大人都会受不了动来动去的孩子。“为什么你就不能像其他人一样，安静地坐着好好学习呢？”看到孩子静不下来，父母不只会担心孩子好动会受伤，更会担心孩子在学校上课时无法专心听讲。

老师遇到上课不专心的孩子也很烦恼，为了好动的孩子不干扰上课进度，有些老师会让他们到教室外罚站，也有老师在无计可施的情况下，消极地任由孩子行动，只要他们不影响别人学习就好。然而这种方法并不可取，因为这类无法静下来上课的孩子也有受教育的权利，而且他们比能够听从老师指令的学生更需要帮助。

“其实我儿子从小很乖也很听话的，可是上学后老师就常常告状，说他上课常会东张西望很容易分心，老师让我们父母回家要教他专心一点儿。但是我都已经规定他没写完作业不能玩游戏，学习分心的时候打骂也都试过，但是情况一点儿也没有改善，我还能怎么办呢？”

无法集中注意力的孩子容易显得心浮气躁，就算严格要求他们必须安静坐好，他们经常也会无法专心听课，遇到任何一点儿声音，哪怕只是有人从教室窗口路过，他们也会忍不住东张西望。其实这是无意识的神经反射动作，忍不住东张西望的孩子或多或少有感统失调的问题，所以才会造成注意力无法集中在应该注意的焦点上。

遇到注意力容易分散的学生，最好先调节好他们抑制冲动的能力。外在环境上要布置简单，书房和桌上的文具要尽可能减少，选择设计简单的文具，否则连铅笔盒或可爱的笔都能玩半小时，孩子坐在书桌前3个小时也写不完作业。

强迫孩子学习或罚抄作业是一种无效的学习手段，因为没有发现学习乐趣的孩子只是执行机械式的动作而没有动脑筋思考。他们耗费大量的时间将作业写完了，也不知道写了什么，即使作业本交到老师那里勉强算交差了，但是对老师布置的作业内容却没有真正理解。父母和老师在指导孩子做作业时，必须给出提示而不是让孩子抄答案，更要避免指挥式地陪孩子写作业，否则就会教出被动而缺乏解决问题能力的机器人。

# 5

## 小心溺爱变成孩子的学习阻碍

◆ 读初中一年级的凯文让爸爸妈妈生气了，凯文妈妈决定关掉家里的无线网络：“我跟同事说下班都不要找我了，我要专心陪儿子，戒掉他玩手机的坏毛病！”

◆ 在医院上班的陈太太想把工作辞掉回家陪女儿读书，因为女儿快上一年级了。

◆ “我儿子16个月还不太会说话，是不是有什么问题？今天遇到一个同龄的孩子，会说很多话了，还很会唱歌，亏我还是自己带的，人家孩子还是奶奶带大的呢！”

全职妈妈教出来的孩子一定更聪明吗？这是个教育误区，

职场妈妈大可不必因此有补偿心理，否则很可能用物质或溺爱来填补，反而导致孩子出现更多的问题。全职妈妈更需要调整管教的原则，不可让大人变成孩子的双手，事事为孩子包办，这样有可能教出缺乏自理能力的任性孩子。

有些妈妈觉得自己才能给孩子最好的保护，不放心将孩子交给爸爸或其他人照顾。其实孩子的适应能力很强，婴幼儿天生就有观察大人的本领，在宠爱自己的人面前表现出什么都不会的样子，和有原则的大人在一起马上变成自理能力强的孩子。

刻苦耐劳、凡事追求完美的妈妈虽然用心良苦，但也有可能误导孩子。“我发现不必做太多，反正不管我做了什么，妈妈还是会重新做一次，所以何必浪费时间呢？”一位小学六年级的男孩很爱帮忙，于是吸引了老师的注意，男孩说在家没机会给家长帮忙，他连拿个玻璃杯都会被家人禁止，当然他也从没帮长辈倒过一杯水。

什么都不能做的孩子，会对学习新的东西失去信心，茫然不知为什么要读书，更不知道长大要做什么。“我能做什么？”一个没有目标感的孩子，不管做什么都没有动力。

爱孩子，就要信任他可以把事情做好，每个人都需要在错误中学习如何调整到更好的状态。家长常担心孩子做不好，所以总是出手帮忙，口头上经常告诉孩子不要这样不要那样，比如，外面坏人很多不要随便相信别人、孩子意见不要太多等。虽然都是因为爱而做的善意提醒，但是如果家长给孩子输入过多的负面信息，无形中便会降低孩子主动探索的想法。长期下来，孩子很可能因此失去主动性，变得得失心太重，并且缺少创造力。可惜很多家长犯了这样的错而不自知，直到孩子成年，还依然以爱为由，总是不停地对孩子进行毫无意义的警告和压制。

# 6

## 为什么大人都总在催"快点快点"

"老师，我可以问一个问题吗？"

"好啊，你说说看。"

"为什么大人都很着急？我觉得妈妈每天都很着急，她常常催我要快一点儿。可是时间明明就很多，赶快做完作业，然后妈妈又想要我干什么呢？"

一年级的皮皮在某天课间突然向我提出他的疑问，这真是个好问题。因为很多孩子都不知道每天可以做什么。他们的生活已经被大人安排好了，早已经习惯乖乖做完妈妈交代的事情。

一个听话的好孩子，如果不会自己动脑思考，就很容易遇到学习瓶颈而无法突破。而大多数父母希望孩子听话就好，意见不要太多，所以成绩优秀的孩子还是少数。而您希望孩子有主动寻找解决方法的能力，还是按妈妈说的话做了就好呢？

## 培养兴趣不能急

原本文化、艺术、体育运动都是人们增加生活乐趣的休闲活动。然而，在当今环境下，父母让孩子参加才艺课程和课后辅导班的现象好像已经变成都市生活压力的一部分了。

每到周末和假日，一线城市的家长普遍更忙，很多家长都无奈地跟我说：有孩子的人是没有休息时间的，周末两天得送孩子去兴趣班，一天跑3个地方去上3个兴趣班的孩子很普遍。如果又有一场亲友聚会或学校活动，安排就一个接着一个。咖啡店坐满了等孩子下课的家长，他们都在低头玩手机。这不是个别城市才有的现象，全国各地到处都是急着看孩子上台表演的大人。当社会进步后，大人有能力让孩子接受更好的教育，也希望孩子得到更多。然而什么才是对孩子最好的呢？新手父母也还在摸索。

“妈妈，为什么你一听到新开什么班都要我去上呢？我不想再学新的了。”地铁上一个小男孩问妈妈。“让你每一种兴趣班都去学习和体验一下，这样你才知道自己真正喜欢什么呀。我周末不休息陪你上课也没说累，小孩子累什么累？”母亲说得一本正经，发问的孩子望着地板却没有了任何表情。

你真正喜欢什么？这是很难回答的问题。很多来找工作的毕业生，被问到这样的问题时也会迷茫，他们大学都毕业了也不知道自己喜欢什么呢。成年人都说不出自己的专长和兴趣，连找份工作都显得茫然。这个小男孩也就七八岁，他的母亲想得太远了，一线城市的儿童课业压力相当大，希望她不要太快就放弃各种兴趣班，反而批评孩子不懂事或不长进。因为孩子的兴趣是长期培养的，蜻蜓点水一样的尝试无法扎实掌握基本功，就算喜欢也不可能成为技术高人一等的专长。

如果大人还没明白孩子需要什么，就忙于催促孩子在各种才艺教室赶场，或许孩子并没有得到乐趣，反而还会造成亲子冲突。

请家长们放慢脚步吧！花点儿时间和孩子一起静静欣赏一幅画或一首歌，让孩子在无压力的环境中耳濡目染，自然而然地学会感受身旁的音乐和艺术画作，美感是需要静下心来体会的，在科技时代，绘画等艺术品能很快被复制出来，但培养一位真正懂艺术的人是急不来的。

# 7

## 私立学校就是最好的教育吗

很多人不敢生孩子，因为听说孩子的教育费用很昂贵。我也经常听到家长说：“我们想让孩子得到最好的教育，可我们是很普通的家庭，没有足够的能力供孩子去读贵族学校，只能读公立学校了。”在他们眼里，花钱多的贵族学校好像才是最好的学校。

“公立学校很好啊！”我总是这么跟他们说，因为我不觉得送孩子进贵族学校才是最好的选择，也并非最贵的学校就适合每一个学生。受教育的目的是让学生能够具备解决问题的能力，只要我们的孩子对目标清楚，无论在什么环境里都可以学到新的知识和经验。反之，如果学生和家长只是跟着别人赶时髦，却并不知道学校好在哪里，每天对学校的老师、同学和课程显得漠不关心，如此一来，即便父母当初确实千方百计才让孩子挤进了名校，最终，孩子本身并未获得真正的成长。

我们希望学生能在轻松自在的环境下学习，避免强迫学生处于高度压力的状态下；然而事实是，当我们想学任何一门课程或才艺时，都是要经过无数次练习的。这样枯燥的练习很容易让人从一开始的好奇、兴奋感到渐渐感觉单调，这个时候，家长必须引导孩子懂得学习过程中要忍受痛苦，坚持练习，从而不轻言放弃。

这是一个终身学习的时代，有些家长发现孩子很努力而成绩始终无法名列前茅，转而鼓励孩子先学习一技之长。依照孩子的兴趣和性格选择学习的方向是很好的想法，可是在执行时，家长和老师也要明确地告诉孩子：初学吉他的人会弹吉他弹到手痛，喜欢打球的人必须忍受练习时肌肉酸痛的阶段。台上一分钟，台下十年功。所有人在学业和技能上取得成功之前都必须经历艰辛的学习过程。

因此，让孩子读私立学校还是公立学校，这个问题必须视每个学生的适应能力而论，没有标准答案。

让孩子接受教育要选择什么样的环境，父母应该慎重，你给的是孩子真正需要的吗？如果大人整天忙于赚钱，缺乏亲子互动，孩子也会对“我为什么要上学？为什么要那么辛苦？”产生茫然的感觉。

# 8

## 要不要上实验班

“最近我有3天没跟女儿说话了，真不知道她在想什么。考上国外一所人人都梦寐以求的音乐学院，学校还要给她3年奖学金，谁知道她连报到都不去，气死我了！”考上好学校又有奖学金，这听起来是非常理想的事情，但这位望女成凤的妈妈说，怎么也没料到女儿从小到大学音乐，最后考上音乐学院，女儿却说只要不读音乐专业，其他学什么都好，想学点儿不一样的。

听到这些，我跟这位妈妈说：“你要高兴才对啊！国外的大学都想争取全世界的优秀学生，孩子能拿到国外知名大学的奖学金表示她很优秀。既然能力很强，那么她学过的钢琴和小提琴是一辈子也忘不掉的。想学点儿不一样的，孩子的这个想法太好了，代表她想要拓展自己的阅历和视野。除了自己擅长的音乐之外，还想学习不同领域的知识，真是一个优秀的孩子。”

遇到特别聪明的孩子其实对父母是一种考验。多数家长比较喜欢孩子“听话”，父母会为孩子规划一个发展的蓝图，希望孩子不要遇到太多挫折，能够顺利平安地长大。可现实是父母认为的最好的安排，很可能跟孩子本身想要的不同。听话就对吗？这是很多优等生会有的疑惑，他们都喜欢自己思考这个问题。

## 聪明的孩子喜欢自己做决定

因为成绩优异的孩子吸收知识的能力快，当一个人知道得越多就越会有独特的想法和坚持，特别聪明的孩子主观意识强烈，他们难以顺从别人，不喜欢被强迫在一个既定的框架当中。

遇到一个具有独立想法的孩子，父母要做的是引导而非禁止。我在15岁时，也曾经在考上第一志愿的女子高中时，突然萌生不想读书的念头，幸亏母亲以温和的方式接纳我的想法，开导我变成一个能保持学习好奇心的人。而在成为母亲之后，我明白拒绝考试不是一件明智的事，遇到困难不能用逃避来解决。所以我鼓励自己的孩子不必去排斥任何比赛或考试，孩子们也能够接受不同阶段学校老师教的新知识。这是一个网络学习的时代，只要我们真心想学习，全世界的知识都能轻松获得。过去很多人认为只有进入名校才能变成优等生的观念必须打破了。

考试不能够完全证明一个人真正的能力，分数的高低，也只能呈现出一个人在考试当下对考题的理解和反应。所以我们要教导孩子学习如何解决生活中出现的问题，一个懂得设法找答案而且有决心将答案找出来的孩子，才是真正有学习能力的人。

想在考试中取得好成绩吗？其实想考好并不难。我们只要在平时将该学的都学会，保持稳定的情绪，不要因为过于在乎成绩而导致心情紧张，这样通常能考出稳定正常的成绩。

相反，多数成绩不够好的人，问题就出在没有找到原因就盲目地恶补功课，没有强化应变能力而使用题海战术消耗学习的热情，长久下来，亲子双方不仅疲累不堪，学习上还一点儿也没有进步。

## 要不要上实验班

有时父母会问我“要不要让孩子上实验班”这种问题，我总说请把这个问题交给孩子自己去思考，大人只需要陪伴孩子成长就好，真的不必想太多。因为如果孩子的成绩不够好，即使想读也考不进实验班。如果孩子考上而不想上实验班，父母再着急也没用。

作为家长，你想过当孩子挤进名校后，能维持名列前茅有多困难吗？如果父母总是很在意孩子成绩在班上的排名，成天因为孩子的分数焦虑，当进入名校后孩子反而会更烦躁，永远生活在紧张不安之中。

要想避免“小时了了，大未必佳”的情况，我们必须先培养孩子坚忍不拔的品质和勇于接受挑战的意志力。不必过分强调孩子在班上的排名，减少拿自己孩子和别人做比较的言谈，只有孩子学会享受学习的过程，享受取得进步时带来的成就感，才有可能真正为了达成自己的目标而快乐学习。

第 5 章

# 根据孩子特点<br>培养学习能力

# 1

## 感觉统合才能通情达理

“孩子这么大了，不赶紧去学数学或英语，把时间浪费在跳来跳去、爬上爬下的活动中有什么用呢？”大多数人看不懂感觉统合游戏对儿童有什么好处，因为很少有人知道人类所有行为都和大脑感觉经验的整合能力脱不了关系。

通常学校教室内会有几十名学生一起上课，当老师在讲台上讲课时，第一种学生能很快听懂并且立即把重点记录下来；第二种学生觉得老师讲得很有道理，但是却听不懂老师说的例子；第三种学生在当下可能听懂但是来不及抄笔记，下课后马上就忘记了；第四种学生在上课时经常能注意到校长走过教室走廊、操场上有人在打篮球，却完全没注意到老师说明天要考试。

老师给全班的学生授课，同一个班的学生却出现各自解读的结果。大部分孩子的听觉和视觉都还算正常，为何有人花的时间少却考试的成绩还很好？有人每天补习却仍然记不住上课内容或掌握不到重点？其中的关键就是大脑感觉统合能力不一样，最终导致学习效果也不同。

如果一个人的大脑神经系统能精准地传递信息，同时有丰富的经验和判断能力，表达能力很顺畅，不管他到了什么年纪，想学什么科目都能很快掌握要领，得心应手。可是容易紧张的人就不同了，有些人遇到陌生的人、事、物都会不由自主地感到神经紧张、心跳呼吸混乱，从而干扰了理性思考，就算再重要的事情也无法从容应对。

中国的家长都很重视英语教育，而外国人学中文也同样很热门。其实语言是人与人沟通的方法之一，有人不爱说话但擅长写作，有人擅长用音乐、绘画、影像等其他无声的方式沟通。所以语言学习不能只记住课本上的内容，能考高分而不能用外语沟通的学生很多，家长实在不能让孩子只为了考试而学习，否则就失去教育的意义了。

2015年，厦门举行了一场两岸家庭教育的学术研讨会，一位研究英语教育的教授曾说过一段发人深省的话：“对一个生长在四川农村的学生而言，英文课本上内容根本无法理解，因为现实生活的环境看不到和课本上相似的房子，死背没用的外语单词有什么意义呢？”这位教授希望所有关心家庭教育的与会者想一想：“我们是否要重新思考让孩子多学点儿生活中的文化和礼仪，为何不教导孩子用英语来表达对人类的关怀和同理心？教孩子用流利的英语向世界介绍自己的家乡，会不会比规定学生记住数百个用不到的英文单词更好呢？”语言教学如何引导孩子的内心世界，父母和老师都需要努力。

超过半数的人一听到“数学”二字就唉声叹气：“千万别问我，数学早就全部还给老师了！”应试教育制度让家长急着以枯燥乏味的题海战术破坏学习乐趣，孩子们得不到解题过程的成就感，于是本来充满好奇心的孩子都不想动脑思考，不管成绩好或不好，从学校毕业后，学生们都宁愿少做少错，情愿躲在安逸的环境中成为被照顾者。

所以我们真的有必要重新思考如何培养未来的人才，孩子更需要学习如何关怀社会，长大后才能成为有能力将世界变得更美好的人。考试成绩虽然很重要，但我们还是必须先有个感觉统合的孩子，这样他们才能通情达理，我们得花点儿时间调教出勇于接受挑战的孩子，而不是遇到问题就烦躁抱怨的人。

# 2

## 体觉学习型孩子的特质

期待那些年龄比较小的孩子都能专心上课不是一件容易的事，因为几乎在每一个班级中，总会有那么几个孩子无法好好地坐在椅子上专心听讲，有人会不停地转笔，有人会不自觉地抖腿或摇动身体。喜欢动来动去的孩子学习成绩一定会差吗？其实也并不一定。

少数人在听别人说话时会有一些惯有的小动作，比如，轻微地摇动身体、敲动手指等，这些无意识的动作并不会干扰他们吸收知识和回答问题。如果强迫规定他们不能做这些小动作，反而会令他们不知所措。虽然这些孩子在背书时可能身体会出现某些小动作，用手脚比画的肢体动作在旁人看起来或许有点儿怪异，不过这样的动作反而能让他们集中精神并加深记忆。

这种一边做动作一边学习的方式通常称为“体觉学习型”，体觉学习型的人需要配合动手操作才能记住所学到的东西，家长或老师不许孩子动而强迫他们坐在椅子上，很可能孩子只是身体坐在椅子上，但他们的脑子则处于涣散状态，没有思考能力。

传统的教学方式都是老师在讲台上讲课，学生则在讲台下被动地听课。在网络时代流行的网络平台教学也是通过影像和音频来传递知识，这些都是单向的知识传达而缺少了互动。体觉学习型的孩子对于缺乏互动或实际操作体验的上课方式会感觉很吃力。

许多老师在学生看完影片或朗读课文后，询问学生：“你懂了吗？”学生们会异口同声地回答：“懂了。”“大家记住了吗？”急着下课的学生们也会齐声说：“记住了！”然而事实上可能有一半学生并没有真正理解和掌握课程的内容，只是跟着别人回答，但是无法完整说出刚才一堂课的重点是什么。

如果老师在上课时只用一种方式来教学生，很难达到所有学生都完全地接受老师所讲授的课程内容。体觉学习型的学生在传统而且校规严格的学校容易产生适应不良的状况，因为他们容易被老师误认为是不用心或故意和老师唱反调；实际上他们也想学好，期待老师和父母发现他们的优点，而非经常被别人批评。

## 为什么有的孩子好像越补课知识漏洞越大

在班级人数较多的教室中，特别是许多在校成绩不好的孩子，补救的方法就是课后投入更长的时间去补习，大人总以为孩子多听几次就会了。其实如果教学方法没有改变，孩子静静坐在教室中还是“只听到而没听懂”，眼睛虽然盯着书本看，但实际上根本没有看懂书本上的内容。如果没有用对方法引导孩子真正了解知识，那么多数学生在补习班只是加强了重复性的记忆，更有孩子因为体力透支或无法理解而产生放弃的念头。

## 小贴士

体觉学习型的孩子怎么学习

- 动手学习更有效：允许孩子用轻松的方式来学习，最好能动手实际操作，这样更能领悟学习内容。
- 动作精准不急躁：遇到好动的冲动型孩子要教他们慢慢来。
- 注意听完才回答：听别人说话时要听完整，不要太快抢答。
- 分段式学习：把学习的内容分为小段落，每隔30分钟起身活动身体。

# 3

## 听觉学习型孩子的特质

听觉学习型的孩子习惯听讲而不太会主动自己安静看书，小小年纪听过的歌曲或故事很快就能记住，总爱和别人聊天而无法安静下来。听觉反应较好的孩子在上学前有很大的优势，但随着年龄增长而进入学校开始正规学习后，如果还依靠触觉或听觉来学习就会出现一些令家长困扰的情况了。

虽然不如体觉学习型的孩子那般好动，但听觉学习型的孩子也经常闲不下来：看书时习惯读出声音，长大后仍会使用自言自语的方式来集中精神。所以听觉学习型的学生读书时常会念念有词，做事时也容易因为外界声音的干扰而分心，因为他们的听觉反应相对比较敏感，有些孩子只要听过的歌曲他都能唱，有些孩子听到别人讲话时会反应过度。这就是每个人生理感觉神经系统所产生的差异。

“妈咪，哥哥每天说我太吵，可是如果我不说出来就不知道要怎么做啊。他很坏对不对？”听觉学习型的弟弟在6岁时会一边玩一边嘴里念念有词。

“说出来？你一定要说出来才可以玩，是吗？”

“是啊，你说的，如果我每天玩这个游戏会变聪明，我很想变聪明啊，但是哥哥不让我说话我要怎么玩？”弟弟生气地跟我抱怨哥哥禁止他说话，但是不说话会让他无法专心做益智游戏。

我请弟弟表演一次自己怎么玩的，看看有没有好的解决办法。我发现6岁的小男孩在游戏时能清楚地把操作步骤讲得很清楚，这代表孩子的思路很流畅，口语表达也很清楚，只是因为现在年龄还小，所以动作还不够熟练。

“真好，你记得妈妈说的事情。看样子你在玩的时候真的必须说话才能玩好，做得很对啊！但你能不能把讲话的声音变小呢？只要自己能听见就可以了。我觉得他是好哥哥，哥哥也常陪你玩，只是他在认真写作业的时候不喜欢旁边声音太吵。

你先偷偷练习，小声地讲，过几天哥哥考试结束心情就会变好，那时我们去请他来看你玩，哥哥肯定会说：‘你真棒！’”

我明白，就算两个人是亲兄弟，但在不同的学习阶段，大脑的思考方式也是不同的，学习的目标也不一样。孩子们必须尊重有着不同习惯的人用不同的方法学习，知道别人和自己的优势不一样，这样才能相安无事、互相体谅而不吵架。

许多低年级的孩子在看书时必须读出声音才能帮助自己集中注意力，这是大脑在处理信息时自然出现的情况，通常这样的情况在视觉学习发展更成熟后会消失。只要耐心地练习，孩子可以从“朗读”阶段进步到“默念”的阶段。如果只让幼儿园的孩子在看书时用眼睛看而不让念出来的话，孩子很可能看不进去，他们只会草草地翻翻书页交差，因为完全看不出有趣的地方在哪里。

学习上也是需要熟能生巧的，在指导孩子的时候要鼓励孩子重复练习，可是指导的方式必须先激发出孩子的内在成就动机，让他内心产生“我想试试”“让我来”的强烈动机。在学习过程中，只有先专心听，才有听懂的可能性。听懂才能做好，这些是不同阶段的信息处理方法。许多家长和老师只会看到最后的成绩单，如果成绩不好，则千方百计想让孩子交出100分的考卷，所以大人不断催孩子学习，但又忍不住出手代劳，日积月累就会让孩子失去信心，养成依赖心理，不愿自己动脑想办法。

您还在要求孩子完全安静地学习吗？显然，太安静的学习方法对听觉学习型的孩子并不适用。家长要接纳的是，孩子有不同的学习方法，只有这样，才能鼓励孩子继续练习，设法让孩子持续进步。

# 4

## 视觉学习型孩子的特质

70%以上的学习必须通过视觉方式来加深印象，孩子进入小学后，依赖视觉学习的机会越来越多。无论是传统的文字阅读还是在线学习，都需要通过视觉和听觉来接收信息，因此孩子不能依赖父母手把手地教。如果父母认为没有老师或爸爸妈妈教，孩子就不会学习，无论孩子年龄多大都用对待幼儿的方式教孩子，那么孩子的成绩永远无法达到优秀。

一些高度视觉学习型的孩子从小观察能力就很强，上课时并不会积极参与讨论，只是静静地看着别人，也很少主动发问，但当他脸上开始露出微笑时，很可能他已经明白了。

然而，很多父母和孩子的学习习惯是不一样的。高度视觉学习型的孩子比较容易安静地学，不会有太大的动作，只要看图或阅读文字就能理解学习的内容。有趣的是，这类型的孩子反而常被大人批评为配合度不佳、太冷漠了。我发现，大人很少以欣赏的角度来看待孩子，反而更容易看到孩子与别人不同的地方，于是总会陷入负面的、紧张的情绪状态。

“怎么办？她为什么不像别人一样热情？”“她为什么不讲话？不说我怎么知道？”一位听觉学习型的妈妈抱怨女儿就像石头一样叫不动，整天没有响应。其实孩子和爸爸就是视觉学习型的人，他们喜欢安静地看书，遇到问题时自己上网找答案而不会直接找人讨论或求助。而听觉学习型或体觉学习型的人就不同了，有任何问题或烦恼马上会找个人问，也没有耐心看完一本书，希望别人告诉他书中的内容。

在亲子互动或教学中，我们都能发现不同学习风格而造成的沟通不良。如果每个人能了解自己、家人和朋友的学习风格，就能以对方更容易接受的方法去沟通。教孩子也是同样的，必须先冷静客观地评估孩子处于什么状态下吸收理解能力最佳，只有用对方式才能事半功倍。

视觉学习型的人习惯眼见为实，因此家长如果发现对孩子讲一件事情讲很多次而孩子没有反应，最好确定一下他是否听懂了，配合图像或文字能够加深他们的印象帮助记忆。如果只是听家长或老师用语言来讲知识，而缺少视觉的知识内容，很可能说了很多但效果有限。善于通过视觉学习的人可能擅长看图表、分析数据，有可能在视觉艺术上具有较高的领悟能力，还有些人对三维空间的立体透视概念有很好的潜力。

如果父母很希望找到孩子的专长，其实从每个人习惯的行为和学习偏好就可以找到线索。在提倡多元智能的社会中，不宜用单一的标准来评估每个孩子的能力，所以请不要再说某个孩子是“差生”了，我们必须尊重孩子受教育的权利，让每个人得以发挥自己的特长。

第 6 章

# 培养视知觉能力，提高学习效率

# 1

## 眼力好的小小鉴定家——培养孩子的视觉区辨能力

“我儿子特别爱收集些没用的东西，如何帮他改掉这个坏毛病呢？”

天天的妈妈抱怨天天怎么跟爸爸一样，小小年纪就对收集石头特别感兴趣，家里已经有无数大大小小的石头了，父子两人就当成宝贝一样收藏着。“孩子都快上小学了，也不肯去参加一些有用的课程，只知道玩石头，这可怎么办才好呢？”父母双方为了该不该把家里的石头扔掉而意见相左。

“请问天天除了爱收集石头之外，是否还能说出每块宝贝石头有什么特点呢？”

“是的，他把那些石头形容得跟稀世珍宝一样，客厅柜子都占满了，我想扔掉半块都不行，有人移动一下位置他都会生气。”天天的妈妈想不通石头有什么好看的，如果儿子肯把时间花在学点儿正事上就好了，脑子不能老是想些没用的东西。

其实一点儿也不奇怪，6岁的天天有很强的视觉区辨能力，对于相似的图形或文字都具有超高的辨别能力，即使幼儿园老师还没教小朋友们认字，但小小年纪的天天已经能认字了。如同我们长期以来的观察，视知觉区辨能力远远超出实际年龄的小朋友确实都有无师自通就学会认字的能力。

孩子很容易把“看到的”和“听到的”东西做联想，婴幼儿在不会说话的时候就具备了学习的能力。视觉区辨能力天生比较强的孩子很有优势，但必须持续引导孩子观察周围的事物，让他们对图案、物体和文字有敏锐的观察能力，长大之后才能对文字或在图形辨识的情况下，做出快速精准的判断。

所以天天能看出每块石头长得不一样，而且小小年龄还能看出石头的质地、纹路之间细微的差别，这便是与生俱来的天分和日积月累的经验交互刺激而产生的优势。所以不必禁止他收集石头，天天的爸爸妈妈可以教孩子更多与石头有关的知识或常识，例如，提供一些与矿物、宝石相关的图文数据或图鉴百科，使用各种形状的石头和颜料玩彩绘游戏，引导孩子发挥想象力。

从孩子最喜欢的事物展开教育，培养孩子多看、多听、多动手的学习习惯，就是引发学生主动学习的动机，这是最有效的教育。

大人不必急于去禁止或者限制孩子要花很多时间的活动。如果孩子很投入、很专心，意味着这个活动对他而言是有意义的。我们可以学习耐心观察孩子对什么感兴趣，究竟是什么原因会吸引孩子的注意力，他是否正需要相关的经验或知识。当然，若孩子想做的是具有危险性的活动和游戏，则必须立刻禁止。

玩游戏是有好处的，亲子游戏或团体活动能促进大脑和身体活动的运行，有益身心健康。所以只要在不妨碍安全和团体规则的前提下，我们可以适当同意孩子去做自己喜欢的活动。即使是平凡的东西，孩子能乐在其中，玩出与众不同的玩法，那么很有可能这就是孩子天生的优势和能力。天才必须在支持和鼓励的环境下成长。

### 小贴士

视觉区辨能力

辨别相似图案或文字的观察力，相当于认知辨识能力，可能影响对新事物或环境的适应时间。

# 2

# 过目不忘的小天才——培养孩子的视觉记忆能力

“现在还不去读书？我看你以后是要完蛋了，老师今天又跟我抱怨你上课时东张西望。你难道就不能认真一点儿吗？”

“明天要考试你为什么不去多看会儿书呢？怎么就知道浪费时间！”

如果家中有正上学的孩子，父母或多或少都会出现诸如此类的烦恼。其实在这些被批评上课不专心的孩子中，一些孩子并不是听不懂，也不是老师和家长们所认为的“学习态度很差”或“不长进”。孩子坐在教室呈现出“心不在焉”的样子，也有可能因为老师所教的已经听过并且学会了，但是大人们只会根据上课时的表现来判断孩子有没有好好学习。

小齐就是一位过目不忘的小天才，可惜老师和爸爸妈妈都没有发现孩子视觉记忆超强的优点，而且一直骂他不认真听讲。

妈妈说儿子读大班时已经可以自己看懂儿童绘本了，睡前还会大声朗读给两岁半的妹妹听。“以前我一直以为儿子很聪明，没想到自从小学之后，学校的老师就经常打电话请我去学校，说这孩子表现很不好，经常干扰老师上课的秩序。”

## 学太快反而不对吗

在给小学二年级的小齐进行视知觉学习能力测评时，我见到的是一个完全不需要提示和解说、理解力超强的孩子，他能快速而精准地指出正确答案，遇到比较困难的题目时会立即调整自己的坐姿仔细看问题，脸上没有出现丝毫不耐烦的神情。特别是在视觉记忆和视觉区辨的能力上，他已经显现出高年级学生的水平，难怪从小认字能力特别强啊！

视觉记忆和视觉区辨能力强的孩子通常可以很快认出相似的图形或符号，并且有过人的视觉记忆能力。小齐是一位高智商而感觉统合失调的男孩，他肯定知道自己很聪明，这孩子不需要和别人一样死记硬背地读书，当他说“我会了”，是真的已经记住了。父母不可经常泼孩子的冷水，也不可总是要求孩子像别人一样，否则我们很可能会错过一位具有学习天分的孩子。

视知觉发展超出同龄孩子的优秀学生需要特别的引导，如果父母和老师经常叫他跟别人的行为一样实在说不过去，因为反应快的孩子会说：“我的方法好啊！为什么我要学他呢？”所以我们必须接纳每个学生的独特性，引导接受能力较快的学生学会尊重教室内的“游戏规则”，然后在不影响教室秩序的前提下，延伸学习内容的宽度和深度。

强迫活泼好动的孩子一直做重复而单调的练习，恐怕会是一件苦差事。好动而聪明的孩子比较擅长从事有挑战性的活动，他们能很快地吸收看过的资料。如果我们教导孩子有效利用自己记忆力强的特长，可以引导孩子培养自己的爱好或专长。相反，如果没有先培养出兴趣就强迫孩子长时间做必须安静下来才能做的事情，孩子便容易出现喊累和烦躁不安的状态。

因此，像小齐这样精力旺盛的学生，如果放学回家抱怨“好累”，通常并不是指体力上的劳累，而是指他们必须消耗很多能量才能抑制大脑冲动的反射行为。在教室中静静地坐着不动就是一件很累的事情。

想让活泼好动的孩子安静地在教室上课，最好的方法就是适当运动。生理状态会影响学习的专注力，请不要强迫孩子坐在书桌前不准动。我们应该鼓励孩子在每个课间都要站起来走动，这样身体的血液循环会更好，大脑更清醒，孩子才能在下一堂课的时间集中注意力。

### 小贴士

> 视觉记忆
>
> 视觉记忆是指对单一对象或形象的视觉记忆能力，视觉记忆与记忆类学习的好坏有关，是通过学习就能轻松培养的一种能力。

# 3

# 分不清左右怎么办——培养孩子视觉空间关系的能力

“我女儿总是粗心大意、分不清左右，可她明明是读中班时就能背两百多个英文单词，记性不错啊！怎么上小学后考试时连最简单的选择题都会选错答案呢？我真受不了啦！”抱怨的是一位四年级女孩的妈妈，她抱怨女儿婷婷没耐心、学习态度不够好，孩子怎么会越长大越不认真呢？

在幼儿园时期就会背英文单词、背唐诗的孩子很多，这些孩子有很好的听觉记忆能力，如果太习惯依赖听觉来获得知识，没有认真看图或看文字的习惯，很可能进入小学之后，父母会发现孩子在考试时非常容易选错答案，而且这种情况一而再、再而三地出现。

视觉空间关系能力的发展和大脑侧化能力相关，许多感觉统合失调的孩子在大脑两侧不协调和镜像图形辨识方面能力不佳。所以很容易出现分不清左右的现象。例如：b和d，p和q，从上到下或从左到右等此类相似符号或文字的辨识能力不佳。

如果孩子在生活中经常可以看到招牌、电视广告，大部分中班以上的孩子会开始认字，有些宝宝拿到笔就可以无师自通地开始写数字。

视觉空间关系能力发展还不成熟的5岁以下儿童很容易把阿拉伯数字写反，他们会写出左右相反的2、3或6，但是一段时间之后，孩子就能自然而然地写对。如果在发育尚未成熟之前，提前要求孩子学些体力或理解能力跟不上的事情，只会让亲子关系变得紧张，且并不会达到家长预期的效果。在许多成绩不佳且补习无效的中高年级的学生考试卷中，我们依然可以看到图形辨识能力不佳的情形。

所以当我们看到孩子在考试中经常出现类似错误时，要注意有可能是因为孩子具有视知觉认知能力上的困难。对称图形的区辨能力不好有什么影响呢？无论在数学、物理、化学、地理等科目，还是在生活中的美学、艺术、建筑中，视觉空间关系能力发展比较好的人，具备较好的审美能力。

我们不能只凭分数来断言孩子的未来成就，每个孩子都有接受教育的权利，因此更要引导发展落后的学生接受适当的指导。婷婷是个性格温和的女孩，除了分不清左右方向之外，身体运动协调性也未达同龄儿童的平均发展水平，可见这孩子在学校是缺乏自信的，这样的孩子更需要老师、同学和家人的认同和鼓励。光用口头上的激励是不够的，已经落后的学生需要更明确的教导，必须针对自己的弱点补强，把基础打稳才能进一步学习更难的知识。

我一直相信，每个孩子都想获得老师和父母的肯定，每位学生都希望自己取得好成绩。过度的考试已经让许多孩子对自己失去信心，这是一件值得家长正视的问题。家长和老师必须特别注意自己在指导孩子学习时，避免用消极的语言跟孩子说话。

## 太多批评会导致孩子排斥学习新事物

10岁的苗苗在看到老师拿出益智游戏卡时大喊：“又是什么无聊的东西？这太难了，我不会！”其实老师尚未开口，孩子也从未看过老师手上拿的东西。

“这很好玩，我觉得你会喜欢的！”看到女孩排斥的样子，老师问，“你不喜欢学校的考试吗？”苗苗说：“考试太无聊了！我妈妈也说我不是读书的料。”

老师继续引导说：“我觉得考试没什么好怕的，考试就是让我们回想一下老师教过什么，把写错的部分重新弄懂就好了。你是个很棒的孩子，我们现在来玩一个能让你变得更聪明的游戏。”

孩子的学习动机不佳，恐怕是曾经受到负面评价的影响。如果孩子在学习上没有得到成就感，大人必须给孩子更具体、更详细的分解说明才行；如果父母也和别人一样取笑孩子，即便是开玩笑的话，孩子也会信以为真。

家长不可太早断言孩子的学习能力，有时候受限于学校教育的评选标准而未能激发出一些孩子的学习潜力。没有教不会的孩子，父母和老师必须合作一起帮助眼前学习有困难的孩子，想想他目前的学习程度在什么阶段，然后以符合孩子能力的方式来帮忙补习。

我们必须让孩子明白，考试是用来检验自己学习过程的。学习过程中是否可以理解、领悟老师讲过的内容，能将老师教过的内容举一反三、融会贯通，这才是学习的最终目的。

## 小贴士

> 视觉空间关系
>
> 对空间概念的敏锐度与理科类学习的领悟力具有相关性。

# 4

# 视觉形状永恒——培养孩子几何艺术的领悟力

“视觉形状永恒”是指形状放大、缩小或变形时仍能认出其本来的形状。视觉形状永恒能力不仅关系到我们对数学等理科内容的理解，而且我们在学习书法、绘画、下棋、雕塑或设计等专业时，都与空间方位、形状比例变化的领悟能力有关系。

毋庸讳言，许多家长每天忙着接送孩子去各种兴趣班学习，主要是为了获得各种考级证书。热衷打探学什么更好的家长普遍以为：证书比较多的孩子，将来被名校录取的机会较大。

安安的妈妈跟我抱怨说现在的孩子真可怜，升学压力大。每天放学后还有很多的课要上，小学二年级的孩子同时学7门兴趣班课程，外加英语和奥数。我问她："学了这么多，您的孩子有最喜欢的吗？回家持续练习时间最多的是哪门课？"

"老师您开玩笑啊！回家还有学校老师布置的家庭作业要做，怎么可能有多余的时间练习，我每天为了催他写作业都快急死了。"安安妈妈虽然口中说孩子太辛苦，但依然每天把孩子送到补习班，她并没发现自己就是让孩子变得可怜的推手。如果孩子没有觉得学习有趣，那么孩子从小去参加各种补习班和兴趣班其实是为了家长的安心，并非孩子真正的需要。

安安才上二年级，眼神灵动、说话特别快，在进行测验时他一直坐不稳，全身无力，坐姿歪斜地往下滑。听到妈妈一连串的抱怨，我更担心的是安安的体力能否承受压力，而不是孩子的成绩。测验结果显示，"视觉形状永恒""视觉搜寻能力""视觉推理能力"项目都很弱。

"安安无法消化您所安排的课程内容，您知道吗？我想他的进度可能也比较慢，是吧？"我问。

"可是他都要去啊！老师也说他还算乖，至少不会像别人一样吵闹，只是不太专心。"很显然，安安在视知觉认知能力的发展和与数理相关的项目上偏弱，所以家庭作业写得潦草难看，在课外的各种兴趣班上也不容易获得成就感。所以，我建议妈妈能否只保留孩子最喜欢的一种课程，让孩子先把体力和基础能力打扎实了。

“别人家的孩子都在学，少则两三种，多则七八种。我们就算再累也得让孩子去学，不然将来孩子长大后怪我怎么办？”这位焦虑的母亲一直没发现，家庭气氛已经因为孩子的教育问题而变得很压抑。可是安安得先把身体练强壮、反应变快，否则学再多也会“消化不良”啊！

安安确实报了很多兴趣班，但没有一门学得好的，最根本的原因是视知觉的辨识能力不足，加上体力、耐力都比较弱，即便坚持了三四年，但是等妈妈筋疲力尽或安安的学校功课多到做不完时，估计妈妈和孩子就会全部放弃了。因为安安去上兴趣班的目的是那里有小伙伴一起玩，还可以暂时逃避回家写作业的辛苦，其实他并没有真正发现一项自己擅长和真心喜欢的才艺。

一直以来许多人都在思考教育改革，呼吁中小学教育需要“减负”。减负的意思是减少不必要的负担，这样大方向是明智而正确的，无奈家长还是没有理智地想清楚教育的真正意义。虽然说将各种才艺技能加到学校正规的学习中是必要的，但是我们不能让孩子变成一个只会考试的机器人。艺术可以陶冶人的情操，运动能增强孩子的体魄并且提高上课时的专注力，运动课和文化课程对培养耐挫力和品格教育相当重要。多元化的课程是为了帮助学生接受全面的教育，绝对不是增加孩子负担或应付考试用的，父母也不必认为凡事都要额外去补习才能比人强。

如果教育儿童时采取强迫或偏执的方式来进行，容易导致负面的效果：性格倔强的孩子容易很小就讨厌学习；性格温和的孩子不会强烈抗议，但是会出现应付、被动的心态。

**小贴士**

> 视觉形状永恒
>
> 视觉形状永恒与面对问题时的应变能力，是否有动机去处理或克服所面临的状况相关；更深远的影响是它将关系到概念原理不变时，对于形式转换之后是否仍能处理的领悟力。

# 5

## 视觉过程记忆——培养学习效率高的学霸

在求学的过程中，我们好像都会遇到学习起来很轻松的人，他们的记忆力惊人，有过目不忘的本领。在视知觉认知力中，“视觉过程记忆”相当重要，如果孩子的视觉过程记忆发展没有随着年龄增长而增长，如同幼儿一样还过度依赖听觉或动作帮助自己记忆，那么随着学习压力变大，孩子就要花费很多的时间来应付各种知识的记忆问题。

“家豪3岁时就能背很多诗，真想不通他怎么长大之后反而越来越懒散。难道是变笨了吗？每天叫他默写课文总是错误百出。”

不识字的两岁半宝宝也能学会唐诗、《三字经》，通常只要有敏锐的听觉就能记住音调和音律，因为孩子有模仿大人说话和唱歌的能力。家长看到背唐诗、童谣、儿歌背得特别好的孩子，都会想："这个孩子的记忆力真好啊！"事实上，这种没有看到图文只是听着语音的背诵，在大脑认知能力上，只能算是"听觉记忆能力"比较好。在学生求学考试的阶段，光凭有很好的"听觉记忆能力"是不够的。

很多孩子在求学过程中无法持续保持稳定提升，他们共有的现象是：老师没讲过就不会，自己没有耐心看书或者阅读之后无法完整记住书上的内容。

二年级的家豪是个活泼的孩子，"视觉记忆"正常，但"视觉过程记忆""视觉区辨""视觉空间关系"都未能达到同龄人的发展水平。目前二年级的学习可以凭背诵记忆维持在中等的成绩，但如果没有及早培养阅读的耐心和敏锐的视知觉能力，长大就可能会出现"口试"成绩高于"笔试"成绩的不均衡现象。

"视觉过程记忆"是指看过一连串的图形或符号后能否正确、完整地记住，这也是大脑短期记忆的工作效能，通常随着孩子的年龄和经验增长而增长。

从小过于依赖听觉学习的孩子，如果没有培养阅读文字的习惯，很容易忽略"视觉过程记忆"的重要性，想提升学习的记忆能力除了让学生练习背诵之外，也要提升视知觉能力，这样才能预防脑子其实知道答案，可惜常常忘记字怎么写或文字书写不完整等现象，而这些情况在家长和老师看来是不用心的表现。

大脑的记忆能力可以因为经常刺激而被活化起来，脑细胞的神经突触连接在青少年时期会有一个重整的过程，经常使用的神经突触被保存下来，不使用的部分就会消失或减退。所以只有让孩子保持学习的动机和好奇心，才能在学习时拥有敏捷的反应能力，有助于提高学习的效率。

### 小贴士

> 视觉过程记忆
>
> 视觉过程记忆是指观察一连串图形或文字后能按照先后顺序正确记住，视觉过程记忆良好有助于掌握文字阅读的精髓。

# 6

## 培养孩子的视觉搜寻能力——小小侦察员

过去十多年来，我们因为研究视知觉认知能力和学习的关系，遇到过许多聪明灵巧又乐于分享的孩子，通过他们真诚地说出自己的真实感受，使我们在“教”与“学”的互动中碰撞出珍贵的实践经验。

小杰是位学习效率很高的数学系高才生，但很少有人知道他曾是一位视知觉认知能力发展不均衡的孩子。小杰在小学毕业前就发现自己某些学习能力上的弱点，在家人帮助下，他慢慢地克服阻力，改善了自己学习成绩不稳定的状况。

“我记得他在幼儿园中班时就自己会认字，能看懂绘本，无师自通搭出结构复杂的积木，自己设计迷宫图案给爸爸妈妈玩。可为什么到小学三年级了，孩子需要用手指着书本上的字一行一行地看呢？”小杰在三年级时，妈妈发现他在读课外读物时动作有些奇怪，看起来好像跟别的孩子不一样。小杰妈妈问我，她应该怎么帮助孩子呢?

通常在初学识字的时期，大人会指着文字教孩子看清楚每一个字的结构。小学生在阅读时，已经不需要用手指头指着认书上的文字。如果已经上三年级了还经常用手指着文字，那么这个现象值得注意，孩子不能只用眼睛逐字阅读、念书总会跳过几个字，这些情况都可能干扰学习的结果。

10年前，妈妈带小杰来参加视知觉认知能力测评。测评分析的结果显示，小杰在“视觉搜寻能力”方面的发展仅达5岁儿童的水平，其他6项测评都有接近满分的正确率。此外，小杰还有视觉追视不良和前庭觉反应敏感的情况，这是因为长期缺乏运动，每天静态学习的时间太长，导致学习时的专注力受到干扰。唯一的改善方法就是调整时间安排，让孩子多做一些手眼协调的运动，避免长期玩电脑游戏或眼睛过度疲劳。

小杰在视觉学习能力方面比较优异，早期视知觉发展优异儿童的特征在他的生活中逐渐体现出来。正式入学之后，小杰在学校成绩起伏很大，妈妈说：“我从来没见过他读书，不知道他为什么能考满分，不过有时老师会抱怨他考试错得太离谱，有好几题都跳过去不写答案。”

“我没有看到啊！”小杰说自己不是故意的。学校老师和爸爸妈妈都觉得特别奇怪，心想这孩子从来不会说谎，于是小杰妈妈带孩子去检查，医生却说视力很正常。“怎么可能会没看到呢？马马虎虎的学习态度将来怎么办？”小杰妈妈担心孩子成绩不稳定，但知道不能一直骂孩子，可是自己实在想不通为什么，这孩子好像“少根筋”。

“视知觉认知能力”和“视力”不一样。眼科医生无法解答妈妈和老师的疑惑。因为视力是指我们的眼睛能不能清楚看到物体的影像，而视知觉认知能力和孩子成长过程中的练习有关系，但我们不可能在一夕之间就改变学生在学校的成绩，因为成长是一个渐进的过程。幸运的小杰生活在学习力和包容力很好的家庭，父母在了解孩子生理感觉神经系统的相关问题后，接受了咨询师的建议，改变全家人都不爱运动的习惯，鼓励孩子不断找到学习的乐趣，因此到高中阶段，小杰已经克服视觉追视不佳、看书很吃力的情况，进而跃升成为名列前茅的数理优等生。

“视觉搜寻能力”不佳的孩子很难在复杂背景中找到重点，

这些孩子也会经常找不到放在眼前的东西，容易让别人觉得他不够用心。如果孩子很小就能无师自通识字，很有可能是个具有天分的儿童。但是万一在后天成长环境中，孩子因为探索学习的经验不足而造成感觉统合失调的现象，若再不加以改善，就会限制天才型儿童的学习发展。

我相信孩子不是故意考不好，而是习惯被大人照顾、不爱自己动脑思考的孩子在面对学习时总有耐心不足的现象。如果孩子经常找不到眼前的东西、看书容易跳行跳字、考试容易看错题目，爸爸妈妈除了让孩子做课外的补习之外，也需要调整生活习惯，否则再怎么补习功课也会有丢三落四的情况。

想跳出成绩不佳的恶性循环，必须有效管理学习时间，避免无效浪费时间而在书桌前发呆。父母和老师千万不能成天担心学习不理想，而强迫孩子重复进行完全无效的机械式操作。

通过下面这张表可以判断孩子时间管理的能力。

## 小贴士

在复杂的背景中可以快速精准地发现目标。

| 掌握学习有效率的时间管理 | 是 | 不一定 | 否 |
|---|---|---|---|
| 培养物归原处的生活习惯 | | | |
| 考试时按顺序写答案（如果有不会的题目圈起来，先做下一题，等全部都写完还有时间再返回补齐。执行原则：在限时之内做到最好） | | | |
| 阅读或写作业时必须光线充足，每过1小时休息5～10分钟 | | | |
| 保持运动习惯，增加眼球追视和手眼协调性活动 | | | |
| 练习朗读文字，提高阅读的准确度，重质而不重量 | | | |

# 7

# 培养孩子的视觉推理能力
## ——联想力丰富的点子王

性格开朗的艾菲今年15岁，在多数孩子为考试压力而烦躁不安的青春期里，艾菲却是那种能把日子过得自由自在的中学生，课余时间还是个喜欢做菜、研究甜点、爱打游戏、喜欢交朋友的大男孩。

期末考试前一个月，艾菲放学后问妈妈：“最近我们班的老师和考第一名的同学不约而同跟我说：‘你啊，没见你认真读书随便一考也能考第七名，如果再用功一点儿到底能考第几名呢？’”

妈妈说："他们刚好说出了我的疑问，只是我忍住不问而已。"

"那您觉得呢？如果我再认真一点儿能考第几名？"艾菲想知道妈妈的想法。

"我觉得你没把实力发挥出来。其实我也常想：怎么有孩子明年都要考高中了，现在还每天打游戏呢？把三分之一的游戏时间换成复习功课，成绩不是会更好吗？"听到妈妈的话，艾菲露出笑容。

"虽然说做完作业也需要调节一下，但妈妈觉得完全不休息也不健康。说真的，假如你把每晚打电玩的半小时时间换成复习功课，可能会考第几名？"妈妈试探地问。

孩子扬起眉毛，自信地说："至少也是第三名吧。可是我就不想这样！"

"哈哈，我就知道。小时候你跟妈妈说，如果大家轮流考第一名不是所有的人都很开心吗？无论你考第几名，爸爸妈妈也很少会骂人，可是同学如果考不好回家会被骂得很惨对吧？你的想法很特别，关心同学是很好的，不过爸爸妈妈也很辛苦，你要对我们也好一点儿。"听到妈妈的话，艾菲笑了。

妈妈继续说："不过，你也需要开始正视每次的考试了，九年级的每次模拟考试和未来能进什么学校是很有关系的。成绩好可以进一流的学校，享有很好的资源。如果你太大意考试成绩不够好，高中和大学的学费可能要多花10倍以上，最终得到的教学资源却不多。怎样会比较划算呢？有空时想想吧！”

“学费多10倍？”孩子露出惊讶的表情。

“加上交通费和住宿费可能还不止10倍，不信你自己去打听，前三名的学校离我们家都很近，省下七年的住校费用共有多少？”

“妈妈知道你是个很有想法的孩子，我猜你有自己的计划，有可能正慢慢积累能量，在最重要的一战全力冲刺。我相信儿子可以考上理想的高中，所以平时考第几名爸爸妈妈都不会太紧张，你的成绩有稳步上升的趋势，数学拉高一点儿就更好了。”

“注意管理好自己的时间，放学回家将功课先完成，在休息的时间才可以放松。对了，自己玩就好，不能经常找同学上线一起打游戏，万一耽误了别人的读书时间，会让你同学的爸爸妈妈生气的，那样你就是害了别人。”艾菲点头表示同意，母子沟通很快达成共识。

青春期的孩子不一定会逆反，艾菲就是一个有想法、有主见的好孩子。然而他的学习方式与众不同，由于父母懂得欣赏他的优点，所以虽然面对巨大的升学压力，他依然可以保持多彩多姿的生活。如果父母不能接纳孩子的想法，强迫孩子跟别人一样，那么活泼又贴心的孩子可能就会是老师和家长眼中“不务正业”的学生。

艾菲是我们长期追踪观察的学生之一，大约在他4岁时就表现出很好的“视觉推理能力”。在玩拼图游戏时，随手拿起一片就能清楚地说出这是哪一块，并且能精准地摆到正确的位置上。小学一年级时的艾菲能够闭着眼睛完成“华容道”的空间推移游戏，他除了视觉过程记忆能力和动手操作的能力很强之外，还显现了很有目标感的性格特质，凡是遇到自己感兴趣的事情就会设法去找答案，加上性格活泼，即使遇到困难也会大方地去请教别人。因此艾菲比同龄孩子具备更多课外的生活常识，可是他在小学毕业之前，并没有名列前茅的成绩。直到最近两年，妈妈发现这孩子果然如同我们预期的那样越来越成熟稳定，考试成绩也常有令人意外的惊喜。

20年来，益智感觉统合游戏帮助了很多像艾菲一样活泼聪明的孩子，我看到他们从小就不喜欢刻板固化的学习方式，无论是个性比较内敛还是外向的学生，每个孩子都有自己的优势和潜力。我们必须帮助孩子看到自己的优点，学会欣赏他人和欣赏自己。

父母和老师最重要的工作就是在孩子学习成长的过程中，

担任支持者的角色，设法使孩子有求知欲、好奇心，具备勇于接受挑战的学习态度。当孩子的心智成熟之后，由于已经具备良好的视觉、听觉与动作协调能力，于是当他们想做什么，只需要集中精神，便能用很短的时间掌握学习要领。

### 小贴士

视觉推理能力

视觉推理能力能帮助人从不完整的形象概念推理出全貌。积累足够的视觉学习经验，能帮助孩子拥有举一反三的逻辑推理能力。

第 7 章

# 在游戏中提升视知觉学习力

# 1

# 视知觉区辨能力

## 一、找相同（图卡配对）

**等级难度：**★

**游戏方式：**

1.请爸妈找出相同的配对图卡或是具有类似功能的教具、玩具（市面上可以轻松购得）。

2.请孩子将所有的图卡正面平摊于桌面上（有次序地排列）。

3.请孩子将同样图案的图卡找出来摆在一起。

**游戏小提醒：**

1.如果孩子一开始没有办法从全部的图卡中找出相同的图案图卡，爸妈可先挑出3～5组相同图案的图卡进行训练。

2.爸妈可与孩子一起做这个游戏，或以竞赛的方式进行，以增加游戏的趣味性。

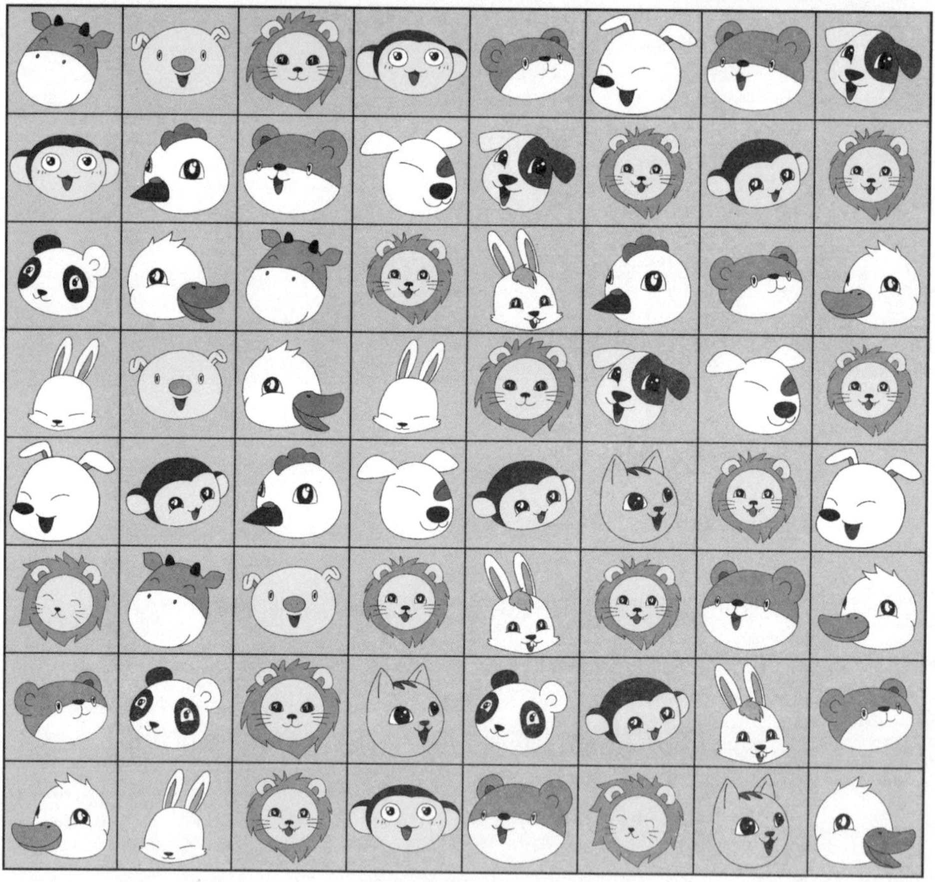

3.如果孩子能快速找出相同图案的图卡，爸妈可将图卡任意散放于桌面上，以增加游戏的难度。

4.如果孩子在散放的状况下仍能快速找出相同图案的图卡，爸妈可再增加图卡的数量或增加类似图案的图卡以增加孩子的挑战难度。

**游戏小知识：**

汉字有许多笔画，往往笔画的长短或位置不同，就造成了汉字的不同意义，这个游戏可以帮助孩子增强图案的辨识能力，加强孩子的认字能力，建立孩子的阅读能力基础。

## 二、找不同（相似图案）

**等级难度：**★★

**游戏方式：**

1.请爸妈给孩子两张图案相似的图卡。

2.请孩子比对两张相似的图卡有哪些地方不一样。

3.请孩子将不一样的地方指出或用笔圈出来。

4.请孩子数出不一样的地方有几个。

**游戏小提醒：**

1.孩子可能一开始没有办法找出不一样的地方，爸妈不要着急，可先指出大概区域让孩子试着找找看。

2.如果孩子仍没有办法找出不一样的地方，请先从图案较简单的类似图卡开始。

3.如果孩子已经熟悉了找不同游戏，可限定时间，例如在1分钟内孩子可以找到几个不同的地方，以增加游戏的趣味及难度。

**游戏小知识：**

汉字中常有许多类似的字体，如“木”“未”“本”“末”，孩子容易在阅读的时候认错，这个游戏可以帮助孩子认识汉字，加强孩子的阅读能力。

## 三、英文寻字游戏

**等级难度：**★★★

**游戏方式：**

1.请爸妈准备一套双面英文图案字卡（一面是图案，一面是英文单词）。

2.教孩子认识这个英文单词及单词的意义。

3.将所有字卡（英文单词的一面）散放在地上，请孩子试着将指定的英文字卡找出来。

**游戏小提醒：**

1.如果孩子一开始没有办法从所有的英文字卡中找出指定的字卡，请先从3~5张字卡开始。

2.如果孩子可以轻松地从字卡中找出指定字卡，爸妈下一步就可以提供简短的英文文章，让孩子从文章中来找找看。

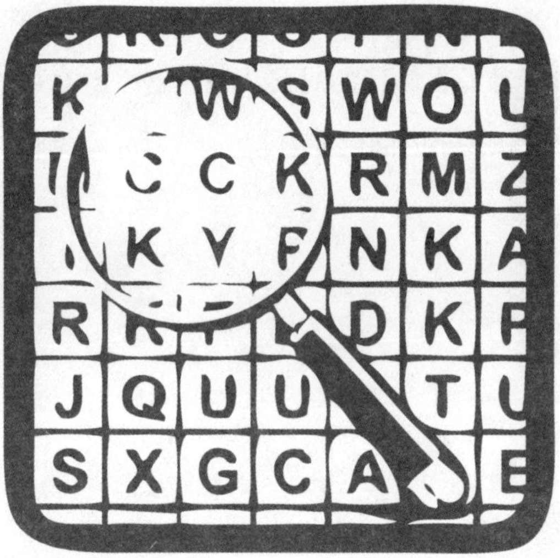

**游戏小知识：**

英文单词是由26个英文字母中的几个组成，往往一个字母之差，就是另外一个意思。例如bed、bad、bat，这个游戏除了可以增进孩子的视觉区辨能力及搜寻能力外，亦可增加孩子的英文词汇。

# 2

# 视知觉记忆能力

## 一、记忆图卡（翻翻看）

**等级难度：**★

**游戏方式：**

1.请爸妈准备好相同的配对图卡或具有类似功能的教具、玩具。

2.请孩子将所有的图卡背面朝上，有次序地排列于桌面上。

3.请孩子翻开桌面上的一张图卡，然后再翻出盖住的另一张图卡。

4.若两张图卡相同，孩子可将两张同样图案的图卡拿走摆在一起。

5.若两张图卡不同，孩子必须将翻开的图卡放回原来的位置。

6.直到桌面上的所有图卡都被孩子拿走为止。

**游戏小提醒：**

1.如果孩子一开始没有办法从全部的图卡中记住相同的图案图卡位置，爸妈可减少至3～5组的图卡数量开始。

2.爸妈可以与孩子用竞赛的方式进行游戏，比一比，看谁拿到的图卡更多，以增加活动的趣味性。

3.如果孩子已熟悉游戏的方式，爸妈可将图卡任意散放于桌面上，以增加活动的难度。

**游戏小知识：**

图案的记忆是识字的基础，且文字的位置往往取决于语词的意义不同，通过这个游戏可以增强孩子文字位置记忆及辨识的能力，以建立孩子的词语能力基础。

## 二、形状找一找

**等级难度：**★★

**游戏方式：**

1.请爸妈找出各种形状的积木。

2.请爸妈先将5～8个不同颜色的积木放在桌上，并拍照。

3.待确认孩子记住拿出的积木后，随即将拿出的积木放回积木堆中。

4.再请孩子拿出刚才的积木（颜色需相符）。

5.若孩子拿不对，可提供拍摄的照片供其参考，直到孩子找出全部积木为止。

**游戏小提醒：**

1.如果孩子一开始没有办法找出积木，可先减少使用的形状种类（2～3种）、颜色（单一）及数量（5个以下）。

2.如果孩子已熟悉这个游戏，可限定孩子先前记忆积木的时间，如只能记10秒钟。

3.如果孩子游戏完成得相当轻松，爸妈可同时提供2～3组相同形状的积木，让孩子记住并找出，以增加游戏难度。

**游戏小知识：**

形状的记忆可以帮助孩子增进未来识字的能力，通过这个游戏除了可以加强孩子视知觉记忆，也能帮助孩子提高在生活中需要记忆的各种能力（如上学需要带的各种课本、文具）。

## 三、形状记忆拼拼乐

**等级难度：**★★★

**游戏方式：**

1.请爸妈拿出各种形状的积木。

2.请爸妈先将积木拼成一个简易的图案，并拍照。

3.待孩子熟记拼出的图案之后将其弄乱。

4.再请孩子拼出刚才的图案。

5.若孩子拼不出，可反复提供拍照的图案供其参考，直到孩子拼出图案为止。

**游戏小提醒：**

1.如果孩子一开始没有办法拼出图案，可先减少使用的形状种类（1~2种）、颜色（单一）及数量（5个以下）。

2.如果孩子已熟悉这个游戏，可限定孩子先前记忆图案的时间，如只能记忆图案10秒钟。

3.如果孩子游戏完成得相当轻松，爸妈可同时提供2～3种图案，让孩子记忆并拼出，以增加游戏难度。

**游戏小知识：**

记忆图案组成与记忆文字的位置有很多类似之处，可以说图案的组成是写字能力的基础（将笔画写在对的地方），这个游戏可以帮助孩子加强视知觉记忆能力，也建立了未来写字的学习基础。

# 3

# 视知觉空间能力

## 一、拼图

**等级难度：**★

**游戏方式：**

1.请爸妈将拼图拿出置于桌面上（桌面上宜保持干净，无其他杂物）。

2.先请孩子观察拼图完整的图案（或有拼图图案图卡亦可）。

3.将拼图轻轻倒出，与孩子一同将所有拼图片翻至正面。

4.请孩子将拼图片拼回原来的图形。

**游戏小提醒：**

1.年纪小的孩子可以从2片拼图开始，再逐渐发展至多片的拼图。

2.拼图时，建议爸妈在一旁陪伴，拼好时亦可以保留一段时间，孩子会更有成就感。

3.多片拼图时，可教孩子一些简易的拼图技巧，例如请孩子先将周边的拼图找到，再逐渐观察线索，将拼图慢慢补齐。

4.孩子如果拼图能力良好，爸妈不妨与孩子竞赛，看谁的拼图能力更强。

**游戏小知识：**

拼图是孩子生活中不可或缺的学习工具。孩子从一堆拼图中找出正确的目标拼图，需要视觉专注力、视觉空间能力，拼图时更需要孩子的手眼协调能力，可说“拼图在手，视觉专注力不怕没有”。

## 二、积木搭建

**等级难度：**★★

**游戏方式：**

1.找出家中已有的积木，若无，建议购买原木积木（无上漆）。

2.爸妈可先搭出一个简单的积木造型。

3.请孩子照着爸妈搭出的造型，搭建一个一模一样的。

4.若孩子已经可以依实物积木范例搭出同样的造型，爸妈可以提供实物拍成的图片，让孩子搭建图片中的造型。

**游戏小提醒：**

1.如果孩子一开始没有办法搭建出一模一样的造型，建议将积木减少为5块以内。

2.搭建积木时，可以提醒孩子观察积木的数量及方位、角度，但不要责备孩子，也不要帮孩子搭建。

3.孩子熟悉积木的搭建后，可以给孩子各种建筑的照片，让孩子自行观察搭建。

**游戏小知识：**

积木是孩子接触立体造型的第一个创造物，除了可以促进孩子的视觉空间能力和创意思考能力外，还可以增强手部对于积木堆砌的稳定度，对未来孩子写字的能力有所帮助。

## 三、地图寻物

**等级难度：**★★★

**游戏方式：**

1.请爸妈找出居住地周边的地图，最好是孩子熟悉的街道。

2.爸妈可以假装要购物，说明目的地，并在地图上标注位置。

3.请孩子看地图，按照地图上的位置带着爸妈一起走到目的地。

4.待孩子熟悉看地图的方式后，可指定不常去的地方为目的地。

**游戏小提醒：**

1.如果孩子一开始不会看地图，不妨画出家中的简易地图，让孩子熟悉地图的概念。

2.孩子最初可能没有方位的概念，爸妈宜先定位自己的位置，以帮助孩子认识方位（上下左右、东西南北）间的关系。

**游戏小知识：**

认识地图、阅读地图、分析自己的所在位置是很重要的一种能力。如果孩子能将图像信息与文字信息做良好的转换，对于未来学习地理学科将有良好的帮助。

# 4

# 视知觉形状永恒能力

## 一、找一找（形状）

**等级难度：★**

**游戏方式：**

1.在纸上画出不同的形状：圆形、三角形、正方形、长方形、菱形、六角形。

2.让孩子按照纸上的形状去找出生活中相同形状的实物。

3.找到生活中相同形状的实物时，可以帮孩子写下实物的名称。

4.最后看看在生活中能找到多少种相同形状的实物。

**游戏小提醒：**

1.如果孩子一开始没有发现，爸妈可先从生活中常见的形状开始（电视机是方形、球是圆形），让孩子认识游戏的基本概念。

2.爸妈可以与孩子组队比赛，看谁能找到更多的形状实物。

3.如果孩子已经很熟悉平面形状游戏，可以请孩子试着找出生活中的立体形状（例如立方体、圆锥体）。

**游戏小知识：**

生活中有许多实物拥有不同的形状，通过寻找不同的形状，训练孩子的形状永恒能力，也能通过写上名称认识找到的实物物体。

## 二、大小变变变

**等级难度：**★★

**游戏方式：**

1.请爸妈准备一些正方形厚纸板，一半纸板涂满颜色，一半以对角线切割涂上一半颜色（如下列示范图）。

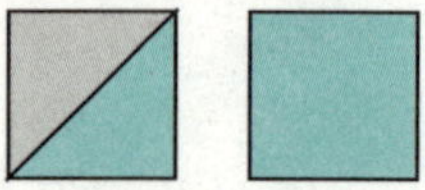

2.请爸妈摆出一个简易的三角形后，亦请孩子摆出同样的三角形。

3.请孩子用图卡摆出放大比例的同一图形。

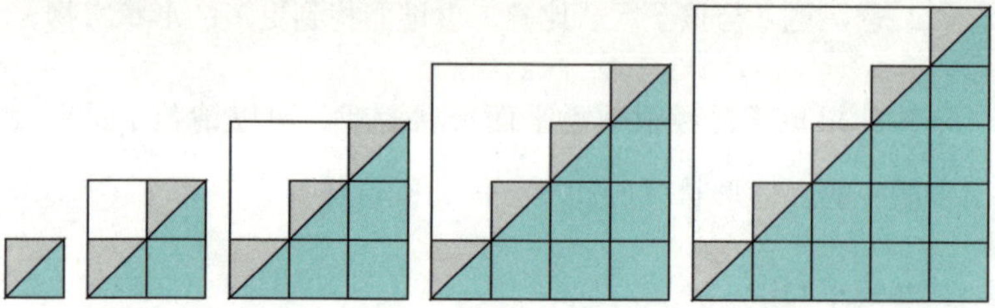

**游戏小提醒：**

1.如果孩子一开始没有办法摆出放大比例的图形，可先由正方形或长方形开始，以降低活动难度。

2.如果孩子可以轻易地摆出放大比例的图形，爸妈可请孩子用图卡摆出数字（0～9）或英文字母（A～Z）。

**游戏小知识：**

生活中的许多符号与数字，多由基础的形状所组成，如电梯显示的楼层数字、交通标志的符号，引导孩子去观察并组合，有助于孩子提升视知觉形状相关能力。

## 三、自制七巧板

**等级难度：**★★★

**游戏方式：**

1.请爸妈找出或制作七巧板（市面上亦可购得）。

2.请孩子按七巧板指示图卡排列形状，由易至难。若没有指示图卡，爸妈亦可按下列原则制作范例图卡。

难度1：1∶1大小的形状图卡，形状间需留明显的分割线。

难度2：1∶1大小的形状图卡，形状间不留分割线。

难度3：缩小比例的形状图卡，形状间不留分割线。

**游戏小提醒：**

1.如果孩子一开始没有办法排列出图卡形状，请先由2～3块七巧板开始，让孩子了解形状的旋转变化。

2.如果孩子已经熟悉了七巧板操作，可设定主题，如鱼、鸡，请孩子将主题排列出来。

**游戏小知识：**

七巧板是一种拼图游戏，它是用七块板以各种不同的拼凑法来拼千变万化的形象图案。这七块板可以拼搭成几何图形，如三角形、平行四边形、不规则的多角形等；也可以拼成各种具体的人物形象，或者动物，如猫、狗、猪、马等；或者是桥、房子、宝塔，或者是一些中英文字符号；通过操作七巧板，对于形状永恒能力有很大的帮助，也对未来数学学科中的形状主题有所帮助。

# 5

# 视知觉过程记忆能力

## 一、请你跟我这样做（动作模仿）

**等级难度：**★

**游戏方式：**

1.爸妈做出先举左手然后蹲下的动作。

2.请孩子看完后，让孩子模仿刚才的动作做一次。

3.确认孩子了解游戏方式后，将动作增加至5个（如摸头、双脚跳、举双手、摸肚子、弯腰、转圈等动作）。

4.重点是必须等到爸妈的动作做完，孩子才能模仿刚才的动作做一次。

5.亲子间可以轮流出题，看爸妈与孩子的记忆谁更厉害。

**游戏小提醒：**

1.如果孩子一开始没有办法做出模仿动作，建议维持动作数量在2～3个就好，以确立孩子认识游戏的进行方式。

2.如果孩子已经很熟悉动作模仿游戏，可同时加入左右的概念，如抬右脚、左手摸右耳等动作，以增加孩子的方位概念。

**游戏小知识：**

视知觉过程记忆能力在生活和学习上都占有极重要的位置；通常视知觉过程记忆能力好的人，能在大脑中形成连续动作的图像，以帮助人完成看过的动作或顺利解题。

## 二、折纸活动

**等级难度：**★★

**游戏方式：**

1.请爸妈拿出各种颜色的色纸。

2.请孩子观察爸妈的动作，用色纸折出一个简单的造型（如纸飞机）。

3.请孩子看完后，照爸妈折纸的方式，自己折出一个一样的造型。

4.确认孩子了解折纸游戏方式后，逐渐折叠复杂的折纸造型，看孩子能否依样完成。

**游戏小提醒：**

1.如果孩子一开始不能模仿爸妈折纸的方式，折出同样的造型，建议将折纸动作简化至2～3个，如按对角线对折2次变成三角形。

2.孩子可能因手指动作不够灵巧，而无法完成折纸造型，爸妈可以教给孩子边对边对齐或折完后用手压平的概念，让折纸活动变得更容易。

3.对于那些复杂的折纸造型，孩子可能一开始无法一次完成所有动作，爸妈可分解为几组动作进行（1组动作3～5个步骤）。

4.如果孩子已经很熟悉折纸游戏，可先提供折纸书，让孩子观察其步骤后，将折纸书拿开，请孩子自己完成造型，以增加游戏难度。

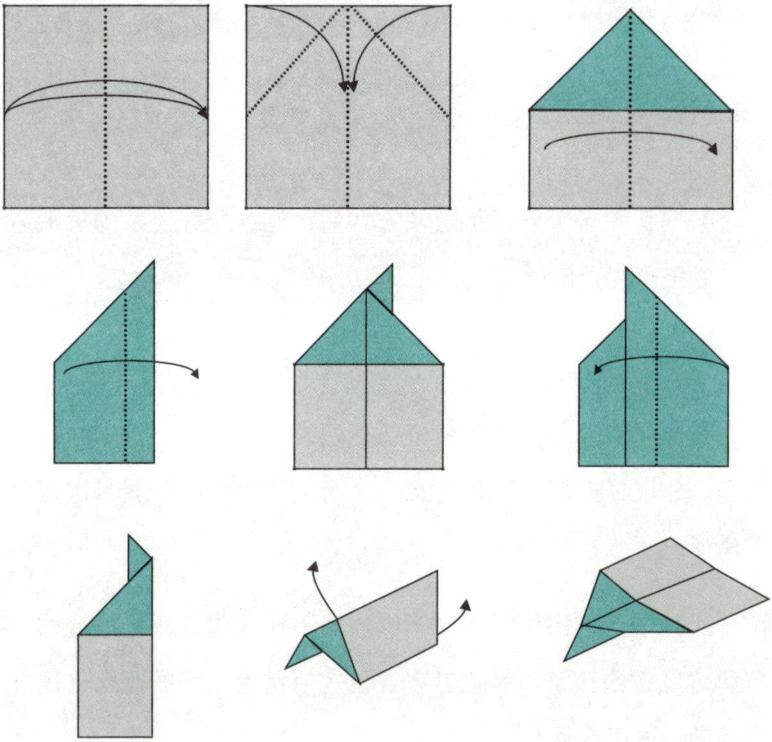

**游戏小知识：**

孩子在折纸时需要思考很多事情，例如，色纸折叠时的过程变化，形状及角度的差异，以及双手的操作，这些同时培养了孩子目测、空间知觉、对图形变换的感知等思维和记忆力。可以说折纸对于孩子空间知觉及秩序感有莫大的帮助。

## 三、数字记忆大挑战

**等级难度：**★★★

**游戏方式：**

1.请爸妈找出0～9的数字图卡（最好同时有4组以上0～9的数字）。

2.爸妈写出一组由4～5个数字组成的数列于纸上。

3.让孩子观看3～5秒后移开。

4.请孩子按纸上的数列将数字图卡排列出来。

5.孩子熟悉后，可逐渐增添数列的长度与复杂程度。

**游戏小提醒：**

1.如果孩子一开始不会排列数字图卡，可先从2个或3个数字开始，以确定孩子是否了解游戏规则。

2.孩子熟悉游戏后，可以同时给出2～3组数列，让孩子挑战更高的难度。

3.爸妈确认孩子了解游戏规则后，亦可以改变游戏规则，请孩子按纸上的数字数列，将数字反着排列出来。

**游戏小知识：**

生活中经常需要记忆一些数列，如商品价钱、电话号码。数列记忆能力与学习也息息相关，尤其是历史年代的学习，此外也影响孩子日后的数学运用能力。

# 6

# 视知觉搜寻能力

## 一、照片找一找

**等级难度：**★

**游戏方式：**

1.请爸妈找出家中有自己在内的合照。

2.拿给孩子观看，看孩子能否找出爸妈在哪里。

3.一开始可以请孩子在5人之内的合照中寻找，孩子找到照片中的爸妈后，爸妈也可以和孩子分享照片是在哪里拍的，当时发生了什么事。

4.待孩子熟悉后，爸妈可以拿出10人以上的大合照（如毕业照、团体旅游照），看孩子能在多长时间内发现照片中爸妈的位置。

5.也可以拿出孩子并不是特别熟悉的亲友，诸如叔叔、姑姑的照片，请孩子找一找他们在照片中的位置。

**游戏小提醒：**

1.从照片中找到爸妈是让孩子很有成就感的一件事，如果爸妈还能与孩子分享照片背后的故事，孩子一定更有兴趣，这个游戏除了能增进孩子的搜寻能力，还能增进亲子之间的情感。

2.如果孩子已经很熟悉寻找照片的游戏，爸妈也可以拿出超市常见的促销商品宣传广告页，请孩子找到爸妈指定的物品（如手机、苹果），并剪下来，看孩子能找到几个。

3.在路上也可以玩类似的游戏。比如，爸妈可以让孩子注意街上的广告牌，看一路上孩子能找到多少个认识的汉字。

**游戏小知识：**

视觉注意力指的是在某段时间内，我们会注意到哪些视觉信息，并加以分析与解读，进而影响我们如何行动。而视觉搜寻能力会引导我们的视觉注意力，过滤无效的信息，进而计划并执行眼球动作，以达到注意视觉信息的效果。因此，若能加强孩子的视觉搜寻能力，对提升孩子的视觉注意力也会有所帮助。

## 二、藏宝图（寻找目标物）

**等级难度：**★★

**游戏方式：**

1.请爸妈拿出《I SPY视觉大发现》和斯凯瑞金色童书等类型的游戏书。

2.先让孩子认识目标物，并了解目标物的特征。

3.接着就可以开始寻找目标物了。

**游戏小提醒：**

1.如果孩子一开始找不到目标物，爸妈可自制游戏书（找一张白纸和两个印章，让孩子先用一个印章在纸上盖满印，最后由爸妈用另一个印章盖上印作为目标物），请孩子寻找。图案复杂的程度，可以由爸妈自己控制。

2.通常这种类型的游戏书都会有一定的故事内容，爸妈可以先给孩子讲故事，除了增进视觉搜寻能力外，也能增进孩子阅读的兴趣。

3.在复杂的图像中找到自己要的目标物不是一件容易的事，尤其在自然环境中，许多生物都拥有保护色，要找到它们可不是件容易的事。因此加强视觉搜寻能力，除了阅读游戏书，赏鸟、抓虫也是有趣的方式。

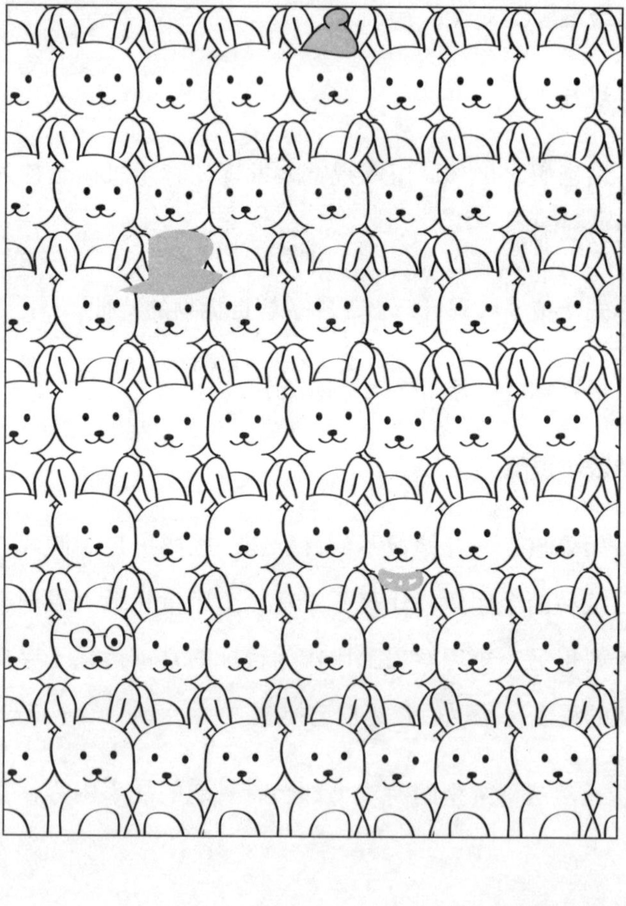

**游戏小知识：**

《I SPY视觉大发现》的视觉搜寻游戏书能培养孩子的观察力、主动性、专心和耐心，因为在寻找目标物的过程中，孩子可以选择要找什么、用什么方式去找，进而提升自己的视觉搜寻能力，当然要找到目标，孩子必须还要有耐心才行。

## 三、报纸寻字

**等级难度：**★★★

**游戏方式：**

1.请爸妈先在一张白纸上写上要孩子寻找的汉字（如："天""工""国""本"等常见字），确认孩子知道要找哪些字。

2.再拿出一本中文书籍或给孩子一份中文报纸，请孩子试着在书中或报纸上将指定字找出来。

**游戏小提醒：**

1.如果孩子一开始在书报中无法找出指定字，可以换成字较少的故事绘本开始训练。

2. 如果孩子大致能找出文章的指定字，可请孩子在字上做记号，并数一数文章中有几个指定字。

3. 如果孩子已经非常熟悉寻字游戏，可同时寻找2～3个指定字，以增加游戏难度。

**游戏小知识：**

书报中的文字量大，且许多汉字形似，如“木”“未”“本”“末”等，孩子容易在搜寻的时候错认。通过这个游戏的练习，不仅可以增进孩子的视觉搜寻能力，也对区辨能力有所帮助，更能帮助孩子认识汉字，加强孩子的阅读能力。

# 7

# 视知觉图像推理能力

## 一、对称图形

**等级难度：★**

**游戏方式：**

1.请爸妈找一些积木备用。

2.在一张白纸的中间画出一条直线。

3.请爸妈在直线的一端用积木拼出简单的图形。

4.请孩子在直线的另一端用积木拼出对称的图案。

**游戏小提醒：**

1.如果孩子一开始不能拼出对称的图形，爸妈可先减少积木的数量（5块以下），待孩子熟悉后再增加积木的种类与数量。

2.如果孩子已经熟悉对称图形的概念，爸妈可在白纸上画出简单的对称图形（如蝴蝶、螃蟹、房屋），再请孩子观察爸妈画的图形，进而画出另一半的图案。

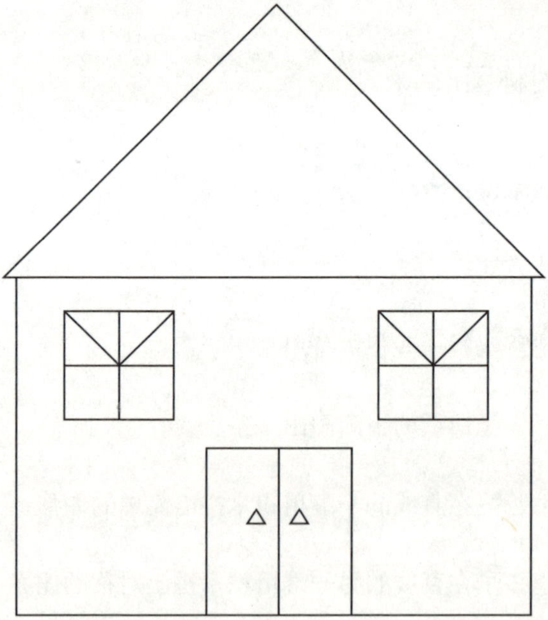

**游戏小知识：**

左右对称图形是孩子了解图像推理的基础，因为对称的另一半图形通常是可被观察的，市面上也常有图形对半切割的积木拼图，这些活动对于孩子理解对称的概念，以及未来学习数学图形轴对称的概念有所帮助。

## 二、叶子联想创意画

**等级难度：**★★

**游戏方式：**

1.请爸妈带着孩子到邻近的公园捡拾各种不同形状的叶子。

2.请孩子观察这些叶子的形状，并说出叶子像是什么东西。

3.再请孩子将这些叶子贴在一张图画纸上。

4.依着孩子对这些叶子的想象，将叶子加工或绘图，完成自己的一幅画。

5.孩子熟悉模式后，爸妈可指定主题（如海洋世界、天空），让孩子发挥自己的创作能力与想象推理能力。

**游戏小提醒：**

1.孩子的创意想象是无穷的，也许一开始说出的答案并不符合爸妈的期待（孩子通常有自己的意见），但爸妈应尽量鼓励孩子多观察形状、颜色等特征，也让孩子尽量表现自己的想法，而不是否定孩子的答案，以增进孩子对于创意思考的兴趣。

2.除了叶子外，爸妈也可以用其他素材当主题（如拇指印、唇印），给予孩子不一样的视觉经验，更能启发孩子的创意联想力。

**游戏小知识：**

创造力是人与生俱来的一种创意表现能力，发明家都需要这项能力，但如果不加以训练，创造力会随着年龄的增长因为某些因素而降低。不过，创造力可经由系统化的训练、想象力引导等活动加以激发产生。联想创意画就是提升创造力的一种方式，通过大量的视觉图像刺激，引发孩子的想象力，进而表现孩子的创意思考能力，不仅能提升孩子的视觉推理能力及想象能力，更能引发孩子的创意动机，鼓励孩子创造表现，以提升学习创造力。

## 三、序列推理游戏

**等级难度：**★★★

**游戏方式：**

1.爸妈可以拿出家中的积木。

2.先按某种规律排出一列积木，再请孩子模仿原先的顺序排列积木。

3.孩子若能排列无误，接着爸妈可以按同样规律排列积木，并随机拿掉积木列中的一块积木（不让孩子看到），问孩子拿掉积木的空白处，应该放上什么样的积木。

4.若孩子几次游戏下来都能答对，爸妈可以拿掉更多的积木，留下更多的空白让孩子猜。

5.也可逐渐加深难度（增加积木颜色、形状与数量），以挑战孩子的图像推理能力。

**游戏小提醒：**

1.孩子一开始也许无法说出正确的积木，但应鼓励孩子说明判断的原因，以了解孩子判断的基础，并引导孩子观察，进而找出序列规则。

2.积木序列的排列越复杂，孩子要花的时间也越久，因此孩子熟练游戏后，爸妈可同时移除多块积木，并限制时间（如30～50秒），让孩子的图像推理能力更纯熟，思考速度更快速。

**游戏小知识：**

所谓序列概念，指的是借由观察、分析、判断，在一排看似混乱的物品当中，找出一个固定的循环规则，且可以无限延伸的概念。它是数学学科中重要的概念之一，也常见于智力测验题之中。